내 삶은 헛걸음

시화집 《내 삶은 헛걸음》을 엮으며

    30여 년 전 가물가물한 기억 속에 크지 않은 체구의 오현스님을 처음 뵌 것은 봉정암에서 불목으로 기거할 때 심부름으로 낙산사에 내려갔을 때이다.
    낙산사 회주로 계시던 스님의 눈빛에 어린 나는 기에 눌려버리고 말았다.
    지금도 스님 앞에만 가면 오금이 저려 말도 제대로 못한다. 한 번 잡힌 마음은 도무지 헤어나지를 못하니 스님의 법력을 나로서는 감히 헤아릴 수가 없다.
    스님의 시와 시조는 나 같은 범부는 이해하기 힘든, 지혜가 열리지 않으면 알 수 없는 글들이다. 많은 생각과 많은 삶의 고민들이 합쳐져 탄생한 시구에서 인생의 희로애락을 느낄 수 있다. 〈아득한 성자〉라는 시는 삶을 하루살이에 비유하여 인생을 노래하고 있다.

하루라는 오늘
오늘이라는 이 하루에

뜨는 해도 다 보고
지는 해도 다 보았다고

더 이상 더 볼 것 없다고
알 까고 죽는 하루살이 떼

죽을 때가 지났는데도
나는 살아 있지만
그 어느 날 그 하루도 산 것 같지 않고 보면

천년을 산다고 해도
성자는
아득한 하루살이 떼

 사람들이 문밖에 펼쳐져 있는 대자유의 세계로 나가지 못하는 것은 울타리 속의 소아에 집착하기 때문이다. 오현스님의 시구는 소아의 울타리에 갇혀 있는 사람들을 대아의 세계로 나아가게 한다. 허울과 상식에 얽매여 뒤틀리고 왜소해진 사람들에게 옹졸하지 않고 허심탄회하며 솔직담백한 삶이 무엇인지 깨닫게 해준다.
 선시의 매력은 우주질서와 하나가 되는 무애자재한 해탈의 세계를 유유자적하면서 참다운 자유의 삶이 어떤 것인지를 보여주는 것이다.

이 시들은 인위적 지식이 아니라 우주질서와 일체가 된 체험적 지혜에서 나온다. 그러므로 희로애락을 노래하는 시인들의 삶과 일거수일투족은 그 자체가 구름이고 바람이고 물결이다.

불교시대사에서는 스님의 책을 네 권 발간하였다. 모두 20여 년 넘게 꾸준한 판매를 보이고 있지만 오래된 판형으로 이번 기회에 새롭게 꾸미고자 했다. 더불어 오현스님과 신경림 선생님의 대담집 《열흘간의 대화》와 시화집 《내 삶은 헛걸음》을 더해 '조오현 선 문학기행'이라는 제목으로 묶어 여섯 권을 동시에 출간하기로 했다.

백담계곡에 쌓인 무수한 돌탑의 수만큼 백담사를 찾는 사람들의 생각도 많을 것이다. 시처럼 많은 사람들도 자신을 돌아보고 마음을 다스릴 줄 알았으면 좋겠다.
허락해주신 스님께 감사드리며 부디 심려를 끼치는 일이 없기를 바라는 마음 간절하다.

을미년 봄날에
이규만 삼가 씀

차례

시화집 《내 삶은 헛걸음》을 엮으며 · 5

1부
내 삶은 헛걸음

내 삶은 헛걸음 · 14
내가 죽어보는 날 · 16
아득한 성자 · 17
헛걸음 · 18
기쁘고 즐겁고 좋은 날 · 19
망우존인(忘牛存人) · 20
인우구망(人牛俱忘) · 21
마음 하나 · 22
재 한줌 · 24
나의 삶 · 25
노망기(老妄記) · 26
내일은 또 어느 하늘가 · 27
악몽 · 28
춤 그리고 법뢰(法雷) · 29
오후의 심경 · 30
사랑의 거리 · 31
근음(近吟) · 32
옷 한 벌 · 33
숨 돌리기 위하여 · 34
제자리걸음 · 36
별경(別境) · 37
머물고 싶었던 순간들 · 38
세월 밖에서 · 39
빛의 파문 · 41

어간대청의 문답(問答) · 42
내가 쓴 서체를 보니 · 44
네 일구(一句)를 · 45
시자(侍者)에게 · 47
내 몸에 뇌신(雷神)이 와서 · 48
착어(着語) · 49

2부
산창을 열면

산창을 열면 · 52
진달래 · 54
간간이 솔바람 불고 · 56
매실이 다 익었으니 · 57
갈매기와 바다 · 58
업(業)아, 네 집에 불났다 · 60
산일(山日) 1 · 62
산일 2 · 63
산일 3 · 64
매우 고마운 대답 · 65
물속에 잠긴 달 · 67
청개구리 · 68
허수아비 · 70
아지랑이 · 72
바위 소리 · 73
고목 소리 · 74
봄 · 76
앵화(櫻花) · 78
조춘(早春) · 79

새싹 · 80
된마파람의 말 · 81
된새바람의 말 · 82
된바람의 말 · 84
뱃사람의 뎃말 · 86
뱃사람의 말 · 87
들여우 · 88
살아갈 이 생애가 · 89
산에 사는 날에 · 90
심월(心月) · 91
전야월(戰夜月) · 92
오늘의 낙죽(烙竹) · 93
떡느릅나무의 달 · 94
쇠뿔에 걸린 어스름 달빛 · 95
솔밭을 울던 바람은 · 96
봄의 불식(不識) · 97
봄의 소요 · 98
봄의 역사 · 100
불이문(不二門) · 101
바다 · 102
파도 · 104
노승과 도둑 · 106
출정(出定) · 107
고향당 하루 · 108
한등(寒燈)-白水선생 · 109
떠 흐르는 수람(收攬) · 110
부연 끝 아픈 인경이 · 112
겨울 산짐승 · 113

3부
어미

어미 · 116
늙은 대장장이 · 121
할미꽃 · 122
시님도 하마 산(山)을 버리셨겠네요 · 124
돌배나무꽃 · 127
오누이 · 130
수달과 사냥꾼 · 132
바보 · 134
종 · 135
불효자의 통곡소리 · 136
자갈치 아즈매 · 138
눈을 감아야 얼비치니 · 141
만공스님 · 143
다람쥐 두 마리 · 144
골보다 깊은 사모(思慕)를 · 145
몽상 · 146
남산골 아이들 · 148
일월(日月) · 149
염(殮)장이와 선사 · 150
시간론 · 154
몰현금(沒絃琴) 한 줄 · 155
견우(見牛) · 156
삶에는 해갈이 없습니다 · 157

4부
적멸을 위하여

적멸을 위하여 · 160
설법 · 162
좌불(座佛) · 163
몸을 잃어버린 사람 · 164
서산대사 · 165
마음 머무르지 않고 · 167
이 세상에서 제일로 환한 웃음 · 168
들오리 떼 울음소리 · 170
청학(靑鶴)-영허선사 · 171
나는 말을 잃어버렸다 · 172
천만(喘滿) · 173
득우(得牛) · 174
목우(牧牛) · 175
견적(見積) · 176
부처 · 178
심우(尋牛) · 179
기우귀가(騎牛歸家) · 180
취모검(吹毛劍) 날 끝에서 · 181
반본환원(返本還源) · 182
말 · 184
오늘 · 185
인생을 진공(眞空)에 부쳐 · 186
달마 1 · 187
달마 2 · 188
달마 3 · 189
달마 4 · 190
달마 5 · 192

달마 6 · 193
달마 7 · 194
달마 8 · 195
달마 9 · 196
달마 10 · 197
보수개당(寶壽開堂) · 199
동산삼근(洞山三斤) · 200
암두도자(巖頭渡子) · 202
조주대사(趙州大死) · 203
향상일로(向上一路) · 204
북두장신(北斗藏身) · 205
현사과환(玄沙過患) · 206
명성견성(明星見性) · 207
백장야호(百丈野狐) · 208
금우반통(金牛飯桶) · 210
개사입욕(開士入浴) · 211
흠산삼관(欽山三關) · 212
취미선판(翠微禪板) · 213
오봉병각(五峰倂却) · 214
천평행각(天平行脚) · 216
앙산유산(仰山遊山) · 217
일색과후(一色過後) 1 · 218
일색과후 2 · 220
일색과후 3 · 221
일색과후 4 · 222
혜초문불(慧超問佛) · 224
양귀비 마음 · 225
생사(生死) 앞에서 · 228
면벽(面壁)의 달마 · 230
무설설(無說說) 1 · 231

무설설 2 · 232
무설설 3 · 234
무설설 4 · 235
무설설 5 · 237
무설설 6 · 238
진이(塵異) · 239
천심(天心) · 240
내가 나를 바라보니 · 241
이 낸 몸 · 242
이 소리는 몇 근이나 됩니까 · 243

5부
비슬산 가는 길

비슬산 가는 길 · 246
망월동에 갔다 와서 · 248
범어사 정경 · 249
불국사 · 251
계림사 가는 길 · 254
선덕왕릉에서 · 256
석등 · 257
석굴암 대불 · 258
그곳에 가면 · 260
궁궐의 바깥 뜰 · 261
설산(雪山)에 와서 · 262
성(聖), 토요일의 밤과 낮 · 263
탄생 그리고 환희 · 264
너와 나의 애도 · 266
너와 나의 절규 · 268

주말의 낙필(落筆) · 269
늘 하는 말 · 270
미천골 이야기로 · 272
2007 · 서울의 대낮 · 274
2007 · 서울의 밤 · 275
가는 길 · 276
살갗만 살았더라 · 278
인천만 낙조 · 279
침목(枕木) · 280
보리타작 마당에서 · 281
치악(雉岳) 일경(一景) · 283
창녕에 가서 · 284
실일(失日) · 286
관등사 · 288
타향 · 290
명일(明日)의 염(念) · 292
염원 · 293
종연사(終緣詞) · 294
대령(對嶺) · 296
구포교(龜浦橋)에 붙여 · 297
관음기(觀音記) · 298
축음기 · 300
파환향곡(破還鄕曲) · 301
음송(吟誦) · 302
입전수수(入廛垂手) · 304
전갈(傳喝) · 305
베틀에 앉아 · 307

1부
내 삶은 헛걸음

내 삶은 헛걸음

간혹 대낮에 몸이 흔들릴 때가 있다.
땅을 짚어봐도 그 진도는 알 수 없고
그럴 때―ㄴ 눈앞의 돌도 그냥 헛보인다

언젠가 무슨 일로 홍릉 가던 길목이었다.
산사람 큰 비석을 푸석돌로 잘못 보고
발길로 걷어차다가 다칠 뻔한 일도 있었다.

또 한 번은 종로 종각 그 밑바닥에서였다
누군가 내버린 품처 없는 한 장 통문
그 막상 다 읽고 나니 내가 대역죄인 같았다.

그 후론 정말이지 몸조심한다마는
진도가 심할 때는 어쩔 수 없이 또 흔들리고
따라서 내 삶도 헛걸음 헛보고 헛딛는다.

내가 죽어보는 날

부음(訃音)을 받는 날은
널 하나 짜서
눈 감고 누워도 보고
화장장 아궁이와 푸른 연기
뼛가루도 뿌려본다

아득한 성자

하루라는 오늘
오늘이라는 이 하루에

뜨는 해도 다 보고
지는 해도 다 보았다고

더 이상 더 볼 것 없다고
알 까고 죽는 하루살이 떼

죽을 때가 지났는데도
나는 살아 있지만
그 어느 날 그 하루도 산 것 같지 않고 보면

천년을 산다고 해도
성자는
아득한 하루살이 떼

헛걸음

한나절은 숲 속에서 새 울음소리를 듣고
반나절은 바닷가에서 해조음 소리를 듣습니다
언제쯤 내 울음소리를 내가 듣게 되겠습니까

며칠 전 해인사에 계시는 사숙님이 오셔서 "요즘 뭘 해?" 하시기에 위의 시조를 지어 보여드렸더니 "미친 놈! 나는 병이 다 없어진 줄 알고 왔더니 병이 더 깊었군. 언제까지나 도(道)는 안 닦고 장구(章句) 따라다닐 참인가? 또 헛걸음했군!"

기쁘고 즐겁고 좋은 날

임제스님의 법제자 관계(灌溪)스님은 임종하던 날 시자(侍者)와 한가롭게 차를 마시며

"…… 앉아서 죽는 것도[좌탈(座脫)] 진기할 것이 없고, 서서 죽는 것도[입망(立亡)] 신통치 않고, 거꾸로 서서 죽는 것도[도화(到化)] 그리 썩 감심(感心)이 안 되나…… 옳지! 나는 이렇게 가야겠다."

하고 일어나 마당에 가서 잠시 서 있다가 한 발짝, 두 발짝, 셋, 넷, 다섯, 여섯, 일곱 발짝까지 걸음을 떼어놓더니 그냥 그 자리에서 걸어가던 모양 그대로 죽었답니다.

이 일화를 우리 절 늙은 부목처사에게 했더니 부목처사는 뼈드렁니를 다 내어놓고

"살아보니 이 세상에서 제일로 기쁘고 즐겁고 좋은 날은 아무래도 죽는 날이 될 것 같니더."

하고 빙시레 웃는 것이었습니다.

망우존인(忘牛存人)

과태료 백 원 있으면 침 뱉아도 좋은 세상
낚시를 그냥 삼킨들 무슨 걸림 있으리까
살아온 생각 하나도 어디로 가버렸는데……

눈감고도 갈 수 있는 이승의 칼끝이다
천만 개 칼만 벼르는 저승의 도산(刀山)이다
이·저승 다 팔아먹고 새김질하는 나날이어.

인우구망(人牛俱忘)

히히히 호호호호 으히히히 으허허허
하하하 으하하하 으이이이 이 흐흐흐
껄껄껄 으아으아이 우후후후 후이이

약 없는 마른버짐이 온몸에 번진 거다
손으로 짚은 육갑 명씨 박힌 전생의 눈이다
한 생각 한 방망이로 부셔버린 삼천대계여

마음 하나

그 옛날 천하장수가
천하를 다 들었다 놓아도

한 티끌 겨자씨보다
어쩌면 더 작을

그 마음 하나는 끝내
들지도 놓지도 못했다더라.

재 한줌

어제, 그끄저께 영축산 다비장에서
오랜 도반을 한줌 재로 흩뿌리고
누군가 훌쩍거리는 그 울음도 날려보냈다.

거기, 길가에 버려진 듯 누운 부도(浮屠)
돌에도 숨결이 있어 검버섯이 돋아났나
한참을 들여다보다가 그대로 내려왔다.

언젠가 내 가고 나면 무엇이 남을 건가
어느 숲 눈먼 뻐꾸기 슬픔이라도 자아낼까
곰곰이 뒤돌아보니 내가 뿌린 재 한줌뿐이네.

나의 삶

내 평생 찾아다닌
것은
선(禪)의 바닥줄
시(詩)의 바닥줄이었다.

오늘 얻은 결론은
시는 나무의 점박이결이요
선은 나무의 곧은결이었다.

노망기 (老妄記)

내 나이 예순에는
일흔이라는 이를 만나면
이제 죽을 일만 남은 노인이라고
어른 대접을 해주었는데

내 나이 여든이 된 요즈막
일흔이라는 이를 보면
아이 같아

버르장머리 없는
아이 같아

내일은 또 어느 하늘가

내 삶은 철새런가
철을 좇아 옮아앉는

어젯날 산에서 울고
오늘은 창해(滄海)에 떴네

내일은 또 어느 하늘가
아픈 깃을 떨굴꼬.

악몽

살아서 죽을 일 없으면 그냥 뒈져야지
아니면 눈을 빼어 개에게나 주던가
그것도 영 어려우면 아주 미쳐버릴 일을.

나이 서른을 넘기고도 죽을 일 한 번 못 보고
밤이면 잠도 못 자게 까무러치게 하는 유령,
이제는 이 죽을 일로도 죽어지지 않는다.

춤 그리고 법뢰(法雷)

죽음이 바스락바스락 밟히는 늦가을 오후
개울물 반석에 앉아 이마를 짚어본다
어머니 가신 후로는 듣지 못한 다듬잇소리

오후의 심경

노을빛 걷힌 천계(天界)
산그늘이 내리누나

여여히 앉은 산맥
그 너머에 잠긴 강물들

인생은 하나의 여로
지팡이도 무거워라.

어룽진 오후의 심경
흔들리는 심상의 날개

동천 그 종달이도 풀피리가 거두어 가고

이제는 한 장 하늘이
적공(寂空) 위에 걸렸다.

사랑의 거리

사랑도 사랑 나름이지
정녕 사랑을 한다면

연연한 여울목에
돌다리 하나는 놓아야

그 물론 만나는 거리도
이승 저승쯤은 되어야

근음(近吟)

일찍이 초의선사는 이 세상 가는 법을
홀로거나 둘이거나 물 끓이는 일이라니
인생은 별것 없어라 녹차 한잔 들고 가네
정녕 내가 머물 곳은 어촌 주막 같은 곳
하루는 종놈 되고 또 하루는 종년 되어
무시로 음식 찌꺼기나 얻어 그냥 좋아할 일이다.

옷 한 벌

보화스님은 중국 당나라 선승인데, 어느 때 이렇게 말했습니다.

"누가 나에게 옷 한 벌을 시주하십시오."

이 말을 들은 신도들은 너도나도 옷감을 떠다가 정성껏 지어가지고 갔지만 보화스님은 고개를 흔들며

"아니오. 나에게는 이런 옷이 필요 없으니 도로 가지고 가시오." 하고 그만 돌아앉아버리는 것이었습니다.

이 소식을 들은 임제선사가 홀로 고개를 끄덕이더니 목수를 시켜서 빨리 새 관(棺)을 하나 만들게 하여 그 관을 가지고 보화스님 처소로 가서

"자, 귀공을 위하여 새 의복을 한 벌 마련하였소이다."

하니 그때서야 보화스님은 희색이 만면하였답니다.

숨 돌리기 위하여

땅이 설어서 무엇을 심어도 좋은 밭
쟁기로 갈아엎고 고랑을 만들고 있다
나처럼 한물간 넝쿨은 걷어내고

이제는 정치판도
갈아엎어야
숨 돌리기 위하여

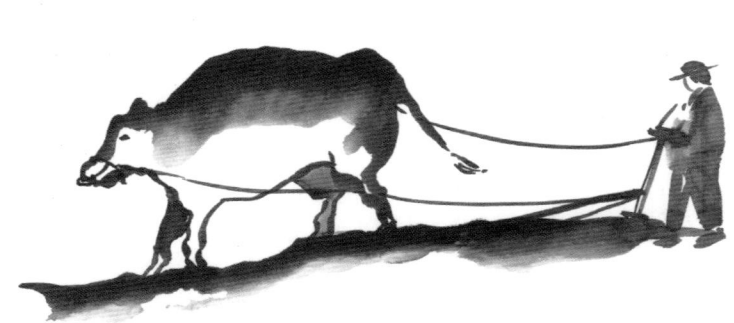

제자리걸음

마을 사람들은 해 떠오르는 쪽으로
중(僧)들은 해 지는 쪽으로
죽자 사자 걸어만 간다

한 걸음
안 되는 한뉘
가도 가도 제자리
걸음인데

별경(別境)

받아들이고 있다. 받아들이고 있다. 가을 하늘은
밀물과 썰물 사이 너울을 부서뜨리며
그 바다 금린(金鱗)들만을 받아들이고 있다.
가을 하늘은 무슨 말로도 말할 수 없다.
이 가을 햇볕을 일며 사태(沙汰)하는 새여, 새여.

머물고 싶었던 순간들

산과 산이 울거나 바다와 바다가 울거나
돛 달고 바람 받아서 물마루를 넘는 님인들
어쩌랴 산속에 앉아 졸고 있는 놈인 것을

세월 밖에서

산영(山影)처럼 무게로운
석양볕 걷힌 하늘

말없이 손짓하며
저 강을 누빈 말씀

오늘은 지팡이 하나 잡아도
아, 여로(旅路)는 멀다.

일그러진 위무(慰撫)의 그늘
애안(涯岸)에 들앉으면

울림 없는 풀피리로
한 하늘이 열리는가

태초의 그 공적(空寂) 너머
고요로운 흐름이여.

무너진 절터 저쪽
태고(太古)로운 주련(柱聯) 아래

빈 마당 하나 장등(長燈)
그을음에 얽혔어도

저물은 세월 밖에서
어두움을 밝힌다.

빛의 파문

하늘도 없는 하늘 말문을 닫아놓고
빗돌에서 걸어 나와 오늘 아침 죽은 남자
여자도 죽은 저 여자도 빗돌에서 나왔는가.

파아란 빛깔이다. 노오란 빛깔이다.
빠알간 빛깔이다. 시커먼 빛깔이다.
보석도 천 개의 보석도 놓지 못할 빛깔이다.

무수한 죽음 속에 빛깔들이 가고 있다.
삶이 따라가면 까무러치게 하는 그것,
내 잠을 빼앗고 사는 유령, 유령들이다.

어간대청의 문답(問答)

오늘 아침 화곡동 미화원
김씨가 찾아와서
쇠똥구리 한 마리가
지구를 움직이는 것을 보았느냐고 묻는다

나뭇잎 다 떨어져서
춥고 배고프다 했다

내가 쓴 서체를 보니

지난날 내가 쓴 반흘림 서체를 보니
적당히 살아온 무슨 죄적만 같구나
붓대를 던져버리고
잠이나 잘 걸 그랬던가.

이날토록 아린 가슴을 갈아놓은 피의 먹물
만지(滿紙), 하늘 펼쳐놓자 역천(逆天)인가 온몸이 떨려
바로 쓴 생각조차도 짓이기고 말다니!

네 일구(一句)를

내가 나를 찾는
끝없는 미행 속에

그 언제 헛디딘 자국이
무슨 그물에 또 걸렸나

한 소식 결박을 풀어도
대소(大笑)할 하늘이 없네.

물밥, 사자짚신에도
쫓겨가던 우리네 병이

오늘의 세포 속에선
살갗 감각까지 다 죽이네

이승을 다 잡아먹을
그런 인가를 받은 듯이.

우리네 병, 그림자를
눈감고도 보겠는데

목숨의 그 당처를
일러줘도 못 듣는 너.

일러라 이 세상 살릴
네 일구(一句)를, 네 일구를.

시자(侍者)에게

지금껏 씨떠버린 말 그 모두 허튼소리.
비로소 입 여는 거다, 흙도 돌도 밟지 말게.
이 몸은 놋쇠를 먹고 화탕(火湯) 속에 있도다.

내 몸에 뇌신(雷神)이 와서

이날 내 몸에 미친 하늘 뇌신이 와서
세상을 다 때려 부수고 서천 번개로 가자 한다
번개 그 불빛만 봐도 나는 잘 갑시는데.

이 모진 죽살이의 질긴 피죽 벗겨보면
한 치 흙도 파지 않고 인도에도 묻은 지뢰
한 자국 높디던 생각은 저 가교를 밟고 갔네.

슬픔은 날이 날마다 낙엽처럼 쌓이는데
끝까지 달아봐도 끝내 모를 자유의 근량(斤量)
먼 훗날 홀로 남아서 오늘을 점두(點頭)할 바위도 없다.

착어(着語)

그 옛날 어느 스님이 천하태평을 위하여
부처를 만나면 부처를 죽이고 중을 만나면 또 중을……
결국은 그 방망이에 그도 가고 말았단다.

2부

산창을 열면

산창을 열면

화엄경 펼쳐놓고 산창을 열면
이름 모를 온갖 새들 이미 다 읽었다고
이 나무 저 나무 사이로 포롱포롱 날고……

풀잎은 풀잎으로 풀벌레는 풀벌레로
크고 작은 푸나무들 크고 작은 산들 짐승들
하늘 땅 이 모든 것들 이 모든 생명들이……

하나로 어우러지고 하나로 어우러져
몸을 다 드러내고 나타내 다 보이며
저마다 머금은 빛을 서로 비춰주나니……

진달래

해인사 백련암 백련이 피었다기에 백련을 보러 갔더니 백련은 다 지고 때마침 가야만악(伽倻萬嶽)을 가부좌로 깔고 앉았던 한 선승이

"니 어디로 왔뇨?"

"……"

"니 여기 전에 와봤나?"

"……"

"니 누구 상좌고?"

"……"

이렇게 물었지만 진작 답을 못하고 돌아오다가 보니 갈 때는 보이지 않았던 거기 홍류동 폭포수 바위틈에 발을 담근 한 무더기 늦진달래가 마치

"그 설도(舌刀) 혀끝에 죽은 사람이 해인사 대장경(大藏經) 바다에 빠져 죽은 사람들보다 더 많다! 더 많다!"

하고 함성을 내지르듯이 붉은 꽃물을 한꺼번에 터뜨리고 있었습니다. 그 꽃물은 홍류동 계류를 따라 끝없이 흘러가고 있었습니다.

간간이 솔바람 불고

태산 그 지애(至愛) 앞에
일월등(日月燈) 밝혀놓고

만상(萬像)을 눈감아도
뜨지 않는 가슴의 달아

간간이 솔바람 불고
소쩍새도 울다 가고

매실이 다 익었으니

마조(馬祖: 709~788)선사의 많은 문하생 중에 대매(大梅)라는 제자가 있었습니다. 대매는 마조선사를 처음 방문해 "무엇이 부처입니까?" 하고 물었고 마조선사는 "마음이 곧 부처다[즉심즉불(卽心卽佛)]."라고 대답을 했습니다. 그 후 대매스님은 홀로 깊은 산으로 들어갔는데 오랜 세월이 지난 후 마조선사는 슬며시 대매에게 사람을 보냈습니다. 그 사람이 대매스님에게 물었습니다.

"누구의 제자입니까?"

"마조선사의 제자입니다."

"마조선사 밑에서 무엇을 배웠습니까?"

"마음이 곧 부처라고 말씀하셨습니다."

"요즘 마조선사는 부처인 이 마음이 마음도 부처도 아니다[비심비불(非心非佛)]라고 가르치고 있습니다."

"그 늙은이가 죽지도 않고 세상을 어지럽혀도 나는 즉심즉불입니다."

이와 같은 대화 내용을 전해들은 마조선사는 많은 제자들을 모아 놓고 이렇게 말했습니다.

"매실이 다 익었으니 그대들은 가서 마음껏 따 먹어라."

갈매기와 바다

　어제 그끄저께 일입니다. 뭐 학체 선풍도골(仙風道骨)은 아니었지만 제법 곱게 늙은 어떤 초로의 신사 한 사람이 낙산사 의상대 그 깎아지른 절벽 그 백척간두의 맨 끄트머리 바위에 걸터앉아 천연덕스럽게 진종일 동해의 파도와 물빛을 바라보고 있기에
　"노인장은 어디서 왔습니까?"
　하고 물었더니
　"아침나절에 갈매기 두 마리가 저 수평선 너머로 가물가물 날아가는 것을 분명히 보았는데 여태 돌아오지 않는군요."
　하고 혼잣말로 중얼거리는 것이었습니다. 그런데 그 다음 날도 초로의 그 신사는 역시 그 자리에서 그 자세로 앉아 있기에
　"아직도 갈매기 두 마리가 돌아오지 않았습니까?"
　했더니
　"어제는 바다가 울었는데, 오늘은 바다가 울지 않는군요."
　하는 것이었습니다.

업(業)아, 네 집에 불났다

우리 절 늙은 부목처사는 언제나처럼 새벽 예불이 끝날 무렵이면 사지가 다 부러지는 뼈마디 소리를 내며 일어나 그 큰 승방의 아궁이 앞에 쭈그리고 앉아 군불을 때는데,

"절간에 주지시님이 또 외박을 하셨나. 와 인기척이 없뇨?"

하고 자문자답을 하는 날은 해종일 도량 구석구석 비질을 하면서,

"양산 통도사 극락교 그 돌다리, 장골 열 사람의 목도로도 움직이지 못하는 그 큰 돌덩어리 누가 들어다 놓았는지 아는 사람 있능교? 울 할아버지가 익산 미륵사지에 혼자 야밤중에 들어다 놓았니더. 밀양 표충사 대웅전 대들보는 또 누가 짊어지고 왔능교? 울 아부지가 짊어지고 왔니더. 그 대들보 짊어지고 오시다가 허리뼈가 부러져, 아니 지게가지가 부러져 그날로 시름시름 앓다가 운명했니더. 운명하실 때 나무껍질 같은 손으로 날 부둥켜안고 '시님들 말씀 잘 듣거라이. 배고프면 송기 벗겨 먹으면 배부르다이.' 하고 갔니더. 시체를 가마니 때기에 돌돌 말아 다비장의 장작더미 속에 넣고 성냥을 드윽 그어 불을 지핀 주지시님이 '업(業)아, 네 집에 불났다! 업(業)아, 네 집에 불났다! 업(業)아, 네 집에 불났다! 어서 나오너라.' 하고 고래고래 소리쳤을 때 불덩어리가 된 장작더미가 몇 번이나 꿈틀거렸니더. 암 꿈틀거리고말고. 울 아부지 울 할아버지 닮아 힘이 천하장사였거든요. 밥 열 그릇으로도 배가 차지 않았지만, 행여 시님들이 밥 많이 먹는다고 쫓아낼까 싶

어 언제나 물로 배를 채웠니더. 요즘은 밥도 많은데 그때는 와 밥이 없었능교? 그러나저러나 주지시님이 와 아직 안 돌아오시뇨? 어디 편찮으신가."

이렇게 구시렁구시렁거립니다. 절간 이야기라는 것이 꺼내어놓고 나면 공연히 세상만 캉캉해질 뿐 별다른 화젯거리가 없습니다.

산일(山日) 1

우리 절 밭두렁에
벼락 맞은 대추나무

무슨 죄가 많았을까
벼락 맞을 놈은 난데

오늘도 이런 생각에
하루해를 보냅니다.

산일 2

해장사 해장스님께
산일 안부를 물었더니

어제는 서별당 연못에
들오리가 놀다 가고

오늘은 산수유 그림자만
잠겨 있다, 하십니다.

산일 3

밤늦도록 이야기했던 시우(詩友)가 돌아가면서
일흔을 살아도 산 것 같지 않다고 했다
시집을 열 권 펴내도 시 한 편이 없다고 했다.

옛사람이 말했다네 본래 다 그런 거라고
아승기겁을 살아도 본래 그 자리라고
내 말을 들었는지 못 들었는지
산모롱이를 돌아가는
시우의 걸음걸이로
휘적휘적 걸어보았다

매우 고마운 대답

한국 불교 조계종 3세(世) 4세 6세 종정을 지내신 고암노사(古庵老師)께서 법좌에 오르셔서 불자(拂子)를 들고 잠시 계시다가

"강북에선 탱자가 되고 강남에선 귤이 되지만
봄이 오면 모두 한 가지 꽃을 터뜨리느니라"

이렇게 게송을 읊으시고

어느 날 장사(長沙)스님이 산에 놀러 갔다가 돌아오니 어떤 납자(衲子)가 이렇게 물었지.
"스님 어디로 소풍하고 오십니까?"
"산에 놀러 갔다 왔다."
"어느 산에 가서 노시다가 왔습니까?"
"처음에는 신록이 깊은 골의 풀 속을 헤치고 갔고, 그리고 낙화(洛花)가 춤추는 능선을 따라 천천히 놀다가 왔다."
납자는 입이 남남하여
"춘의(春意) 같습니다."

하니 장사스님은

"마른 연잎이 찬 겨울 하늘에 걸린 것과는 달라서 양기(陽氣)로 좋았다."

이와 같은 문답을 전해 들은 설두(雪竇)스님은 '매우 고마운 대답'이라고 했지.

하시고는 대중을 둘러보시며 차(茶)를 드시고 착어(着語)하시기를

"집을 나서지 않고도 몸이 시방에 두루하고

문에 들지 않고도 늘 집안에 있느니라."

불자(拂子)를 거두시며 하좌하시었습니다.

물속에 잠긴 달

　그날 밤 대중들이 잠이 들어 달빛을 받은 나뭇가지들이 산방 창호지 흰 살결에 얼룩덜룩한 그림을 그리고 있을 때 김행자(金行者)는 '본래면목(本來面目)이란 어떤 물건인가?' 라는 의문 때문에 잠이 오지 않아 마당으로 나왔지요. 땅바닥에 무릎까지 쌓인 인경소리를 한동안 밟다가 거기 보타전 맞은편 관음지(觀音池) 둑에 웬 낯선 사내가 두 무릎을 싸안고 앉아 있는 것을 보았지요. '이 밤중에?' 김행자는 머리끝이 쭈삣쭈삣 곤두섰지만 무엇에 이끌리듯 사내의 등 뒤에 가 서서 사내의 동정을 살피고 있었지요. 그런데 그 사내는 인기척을 느꼈는지 못 느꼈는지, 괴이적적한 수면에 떠오른 달그림자만 뚫어지게 바라보고 있을 뿐 마치 무슨 짐을 몽동그려놓은 것처럼 미동도 없었지요. 마침내 달이 기울면서 자기 그림자를 거두어 가고 관음지에 흐릿한 안개비가 풀어져 내리자 사내는 늙은이처럼 시시부지 일어나며 '그것 참…… 물속에 잠긴 달은 바라볼 수는 있어도 끝내 건져낼 수는 없는 노릇이구먼…….' 하고 수척한 얼굴을 문지르며 흐느적흐느적 산문 밖으로 걸어나가는 것을 다음 날 새벽녘에 보았지요.

청개구리

 어느 날 아침 게으른 세수를 하고 대야의 물을 버리기 위해 담장가로 갔더니 때마침 풀섶에 앉았던 청개구리 한 마리가 화들짝 놀라 담장 높이만큼이나 폴짝 뛰어오르더니 거기 담쟁이넝쿨에 살푼 앉는가 했더니 어느 사이 미끄러지듯 잎 뒤에 바짝 엎드려 숨을 할딱거리는 것을 보고 그놈 참 신기하다 참 신기하다 감탄을 연거푸 했지만 그놈 청개구리를 제(題)하여 시조 한 수를 지어볼려고 며칠을 끙끙거렸지만 끝내 짓지 못하였습니다. 그놈 청개구리 한 마리의 삶을 이 세상 그 어떤 언어로도 몇 겁(劫)을 두고 찬미할지라도 다 찬미할 수 없음을 어렴풋이나마 느꼈습니다.

허수아비

새떼가 날아가도 손 흔들어주고
사람이 지나가도 손 흔들어주고
남의 논일을 하면서 웃고 있는 허수아비

풍년이 드는 해나 흉년이 드는 해나
— 논두렁 밟고 서면 —
내 것이거나 남의 것이거나
— 가을 들 바라보면 —
가진 것 하나 없어도 나도 웃는 허수아비

사람들은 날더러 허수아비라 말하지만
맘 다 비우고 두 팔 쫙 벌리면
모든 것 하늘까지도 한 발 안에 다 들어오는 것을

아지랑이

나아갈 길이 없다 물러설 길도 없다
둘러봐야 사방은 허공 끝없는 낭떠러지
우습다
내 평생 헤매어 찾아온 곳이 절벽이라니

끝내 삶도 죽음도 내던져야 할 이 절벽에
마냥 어지러이 떠다니는 아지랑이들
우습다
내 평생 붙잡고 살아온 것이 아지랑이더란 말이냐

바위 소리

무심한 한 덩이 바위도
바위 소리 들을라면

들어도 들어 올려도
끝내 들리지 않아야

그 물론 검버섯 같은 것이
거뭇거뭇 피어나야

고목 소리

한 그루 늙은 나무도
고목 소리 들을라면

속은 으레껏 썩고
곧은 가지들은 다 부러져야

그 물론 굽은 등걸에
장독(杖毒)들도 남아 있어야

봄

밤마다 비가 오는 윤사월도 지쳤는데
깨물면 피가 나는 손마디에 물쑥이 들던
울 엄마 무덤가에는 진달래만 타는가.

저 산천 멍들도록 꽃은 피고 꽃이 져도
삼삼히 떠오르는 가슴속 상처처럼
성황당 고개 너머엔 울어예는 뻐꾸기.

앵화(櫻花)

어린 날 내 이름은
개똥밭의 개살구나무

벌 나비 질탕한 봄도
꽃일 줄을 모르다가

담 넘어
순이 가던 날
피 붉은 줄 알았네.

조춘(早春)

봄도 이름 내 서창(書窓)의 파초 순 한나절을
초지에 먹물 배듯 번지는 심상이어
기왓골 타는 햇빛에 낙숫물이 흐른다.

새싹

하늘이 숨 돌린 자리 다시 뜨는 눈빛입니다
별빛이 흘려본 자리 되살아난 불똥입니다
마침내 오월 초록은 출렁이는 삶입니다.

된마파람의 말

누가 건방지게 침묵을 하는 거다.
온몸이, 마른 하늘이 흔들리는 이 혼질(昏窒)
이 한낮 깊은 내 오수를 흐너뜨리고 있는 거다.

된새바람의 말

걸어가고 있는 거다. 걸어가고 있는 거다. 때아닌
저 바다의 적조(赤潮), 그리고 또 포말들을
이 겨울밤의 마적(魔笛)이 걸어가고 있는 거다.

된바람의 말

서울 인사동 사거리
한 그루 키 큰 무영수(無影樹)

뿌리는 밤하늘로
가지들은 땅으로 뻗었다

오로지 떡잎 하나로
우주를 다 덮고 있다.

뱃사람의 옛말

백담사 무금당 뜰에
뿌리 없는 개살구나무들

개살구나무들에는
신물이 들대로 다 들어

그 한번 내립떠보는
내 눈의 좀다래끼

뱃사람의 말

하늘에는 손바닥 하나 손가락은 다 문드러지고
이목구비도 없는 얼굴을 가리고서
흘리는 웃음기마저 걷어지르고 있는 거다.

들여우

한 사람은 무자화(無字話) 속으로 걸어 들어가고
한 사람은 무자화 밖으로 걸어 나오고
두 사람 모두 만나보면 둘 다 들여우

살아갈 이 생애가

차라리 외로량이면
둥글지나 마을 것을

닫은 문 산창(山窓) 가에
휘영청이 뜨는 마음

살아갈 이 한 생애가
이리 밝아 적막(寂寞)고나

산에 사는 날에

나이는 뉘엿뉘엿한 해가 되었고
생각도 구부러진 등골뼈로 다 드러났으니
오늘은 젖비듬히 선 등걸을 짚어본다.

그제는 한천사 한천스님을 찾아가서
무슨 재미로 사느냐고 물어보았다
말로는 말 다할 수 없으니 운판 한 번 쳐보라, 했다.

이제는 정말이지 산에 사는 날에
하루는 풀벌레로 울고 하루는 풀꽃으로 웃고
그리고 흐름을 다한 흐름이나 볼 일이다.

심월(心月)

충충이 드높은 뜨락
불 밝혀 든 연등 위에

또 하나 발돋움하여
사무치게 뜨는 심월

어둠도 길을 비끼며
이 한밤을 걷는다.

전야월(戰夜月)

가난은 피가 붉어
진진래로 물이 들고

북두성 앉은 자리
밤이 좋던 능선이여

눈물의 흰 옷자락을
씻어 바랜 임진강.

불여귀 설움 속에
두 가슴은 지쳤어도

그을음 거미줄 속
소망만한 달이 뜨네

밟고 선 그림자 따라
다시 보는 예 강산.

오늘의 낙죽(烙竹)

추석달이 떠오르면 조개는 숨을 죽이고

물 위로 떠올라서 입을 쫙 벌리고서

달빛만 받아들인다 속살을 다 내어 보이고

떡느릅나무의 달

그대는 잠자리 날개
하르르하르르한 실크 치마
나는 공작문채(孔雀文彩)
그대 몸의 사마귀

높이 떠 멀리 비추렴
높이 떠 멀리 비추렴

쇠뿔에 걸린 어스름 달빛

어그러뜨리다 어그러뜨리다 어그러뜨리다

어스름 달밤 조개류 젓갈류 어스름 달밤 조개류 젓갈류

그렇다 찐 음식이다 오늘 저녁 고두밥이다

솔밭을 울던 바람은

솔밭을 울던 바람은
솔밭이라 잠이 들고

대숲에 일던 바람은
대숲이라 순한 숨결

빈 하늘 가는 저 달도
허심하니 밝을 밖에.

봄의 불식(不識)

이 몸 사타구니에 내돋친 붉은 발진
그로 인하여 짓물러 다 빠진 어금니
내 불식 하늘 가장자리 아, 황홀한 육탈(肉脫)이여.

봄의 소요

목마르다. 목마르다. 꽃의 내분비에도
해마다 봄이 오면 잦아지는 내 목숨의 조고(凋枯)
올해도 한바탕 소요로 꽃은 올 모양이다.

봄의 역사

내 말을 잘라버린 그 설도(舌刀), 참마검(斬馬劍)도
내 넋을 다 앗아간 그 요염한 독버섯도
젠장할 봄날 밤에는 꽃망울을 맺더라.

불이문(不二門)

산 너머 놀 너머에
일월마저 겨운 저녁

머물던 하나 소망
그나마도 다 사위고

긴 여운 남기는 바람
열어놓은 내 가슴.

바다

밝은 해 타는 구름은
모란으로 퍼 올리고

비바람 우레 천둥엔
출렁이는 세월의 물결

기러기 깃만 펼쳐도
마음 일렁이더라.

파도

밤늦도록 불경을 보다가
밤하늘을 바라보다가

먼바다 울음소리를
홀로 듣노라면

천경(天經) 그 만론(萬論)이 모두
바람에 이는 파도란다.

노승과 도둑

　절이라고 하면 산은 높고 골도 깊고 물도 맑아 그 부근에 가면 기우뚱한 고탑 석불 그을린 석등 버려진 듯한 부도 탑신 주춧돌 홈대 장독 무거운 축대 돌담 돌다리 설해목 같은 것이 보이고 그래서 조금은 서늘하고 고풍스럽고 밤이면 폭포수 떨어지는 소리와 함께 날짐승 산짐승들 울음소리로 하여 적막을 더해줘야 하는데 그렇지 못하고 어떤 도류(道流)들이 살다가 내버리고 간 그래서 담장은 진작 다 허물어지고 마당에는 풀이 무성한 파옥 한 채가 있었는데 언제 어디서 왔는지 한 노승(양실(良實: 1758~1831)이 그 파옥에 와서 살고 있었는데 마을 사람들은 그 노승을 위해 노승이 외출을 한 사이 담장을 쌓고 풀을 뽑고 집을 깨끗하게 보수를 해놓았는데 외출에서 돌아온 그 노승 왈,

　"풀을 다 뽑아버렸으니 이제는 풀벌레소리도 못 듣게 되었군."

　시큰둥한 표정이었는데 집을 보수를 해놓으니 집주인이 부자인 줄 알고 도둑이 들었는데 노승은 도둑에게 줄 물건이 없어 입고 있던 옷을 홀랑 다 벗어주고 알몸으로 마당가에 나와 둥근 달을 쳐다보고 밝아졌습니다.

　"저 아름다운 달까지 줄 수 있었더라면 얼마나 좋았을까."

출정(出定)

경칩, 개구리
그 한 마리가 그 울음으로

방 안에 들앉아 있는
나를 불러쌓더니

산과 들
얼붙은 푸나무들
어혈 다 풀었다 한다.

고향당 하루

하늘빛 들이비치는 고향당 누마루에
대오리로 엮어 만든 발을 드리우니
오늘 이 하루도 그냥 어른어른거린다.

비스듬히 걸린 벽화, 신선도 한 폭
늙은 사공은 노도(櫓棹)를 놓고 어주(漁舟)와 같이 흐르고
나는 또 어느 사이에 낙조가 되었다.

한등(寒燈) —白水선생

감감히 뻗어간 황악
하늘 밖에 가 잠기고

금릉 빈 들녘에
흩어진 갈대바람

구만 리 달 돋는 밤은
한등 하나 타더이다.

떠 흐르는 수람(收攬) —손학규 애처 이윤영 여사에게

가을이 소나기처럼 지나간 그대 정원에

열매 하나가 세상의 맛을 한데 모아

뚝 하고 떨어지는구나

다 쭈그러든 모과 하나

부연 끝 아픈 인경이

물빛 닮은 산승(山僧)이요
산빛 닮은 절입니다

깊은 꿈 그 골 깊이
잠겨 드는 심상입니다

부연 끝 아픈 인경이
떨어지고 있습니다.

겨울 산짐승

동지팥죽 먹고 잡귀 다 몰아내고
조주대사 어록을 읽다가 잠이 들다

우두둑 설해목 부러지는
먼 산 적막 속으로

3부

어미

어미

어미는 목매기 울음을 듣지 못한 지가 달포나 되었다. 빨리지 않은 젖통이 부어 온몸을 이루는 뼈가 자리다. 통나무 구유에 담긴 여물 풀 냄새에도 구미가 당기지 않는다. 긴 널빤지로 죽죽 깔아서 놓은 마루에 갈대를 결어 만든 자리도 번듯번듯 잘생긴 이 집 가족들도 오늘은 꺼무끄름하다. 낯설다.

다 알고 있다. 풀을 뜯어 먹고 살 몸마저 빼앗겼음을, 이미 길들여지고 있음을, 다시는 만날 수 없음을, 어미가 살아온 것처럼 살아갈 것임을, 곧 어미를 잊을 것임을.

어미는 젖을 떼기도 전에 코를 꿰였다. 난생 첨으로 부르르 몸을 떨었다. 아파서만은 아니었다. 쇠똥구리 한 마리가 자기 몸 두 배나 되는 먹이를 굴리는 것을 보자 부아가 치밀었던 것이다. 어린 눈에 뿔을 갖고도 멀뚱멀뚱 바라만 보고 있는 그 어미도 미웠다. 그러나 그 어미는 그 밤을 혀가 마르도록 온몸을 핥아주었다. 그리고 다음 날 팔려 갔다.

보았다. 죽으러 가는 그 어미의 걸음걸이를, 꿈쩍 않고 버티던 그 힘 그 뒷걸음질을, 들입다 사립짝을 향해 내뻗던 뒷발질을, 동구 앞 당산

길에서 기어이 주인을 떠 박고 한달음에 되돌아와 젖을 먹여주던 그 어미의 평생은 입에서 내는 흰 거품이었다.

이후 어미는 그 어미가 하던 일을 대물림 도맡았다. 코에는 코뚜레를, 목에는 멍에를, 등에는 길채를 다 물려받고 다 받아들이고 다 받아들이는 것이 삶이라는 것을, 삶은 냉혹하다는 것을 알았고 앎으로 어른스러워졌다. 논밭을 갈고 바리바리 짐을 실어 나르며 몸하면 교배하고 새끼를 낳아 기르며 하 그리 고된 나날을 새김질로 흘려보냈다.

이제 어미는 주인의 잔기침 소리에도 그날 할 일을 알아차린다. 아까부터 여러모로 뜯어보던 거간꾼의 엉너릿손, 목돈을 받아 침을 뱉어가며 한 장 두 장 세는 울대뼈, 기다랗고 큼직한 궤짝에 들어갔을 목숨 값으로 눈물 많던 할멈 제삿날 조기라도 한 손 올렸으면 좋겠다.

아무짝에도 쓸모없는 뿔에 신기하게도 반쯤 이지러진 낮달 빛이 내리비치고 흰 구름이 걸린다. 다급하게 울어쌓던 매미 한 마리 허공으로 가물가물 사라지고 남쪽으로 벋은 가지에서 생감이 뚝 떨어진다. 두엄발치에 구렁이가 두꺼비를 물고 있는 것을 보고 어미는 오줌을 질금거리며 사립을 나선다. 당산 길 앞에서 그 어미가 주인을 떠 박고 헐

레벌떡 뛰어와 젖을 먹여주던 10년 전 일을 떠올리고 '음매' 하고 짐짓 머뭇거리는 순간 허공에 어른어른거리는 채찍의 그림자.

조금만 가물어도 물이 마르는 내를 건너 산모롱이를 돌아가면서 뒤를 힐끔 돌아보았지만 목매기는 보이지 않는다. 두 아이는 걸리고 한 아이는 업은 아낙이 지나간다. 맞은편 찻길 밑에 불에 타 그을리고 찌그러진 짐차, 사람들이 빙 둘러 에워싸고 있다. 농한기 산 너머 채석장에서 떠낸 석재를 싣고 읍내로 갔던 길. 하늘을 보고 땅을 보고 하루에도 몇 차례나 오갔던 길. 올 정초에는 눈이 많아 질퍼덕질퍼덕거리는 진창에 바퀴가 겉돌아 미끄러지면서 발목이 삐어 돈을 벌어들이지 못했다. 지금 다 아물었으나 큰 힘을 쓸 수 없다. 힘없으면 돈을 벌지 못하고 돈을 벌지 못하면 죽어야 한다. 힘없는 죄 외에는 죽을죄가 없다. 만약 조개더라면 물위로 떠올라 껍질을 열고 만천하에 속을 다 보여주었을 것이다. 그 할멈은 속을 안다. 힘들거들랑 쉬어라고 멍에 목 흉터를 만져주고 등 긁어주던 할멈. 남몰래 밤재운 익모초 생즙을 쇠죽에 타주고 측백나무 잎을 우려낸 술도 잡곡가루를 풀처럼 쑨 죽도 먹여주던 할멈은 채마밭 건너 열두 배미의 논에 곱써레질을 하던 날 죽었다. 시체를 관에 넣고 관 뚜껑을 덮은 뒤에야 그 사람의 진가를 안다고 할멈의 장렛날 울었던 앞뒷산 먹뻐꾸기들이 일 년 내내 울어

그해 가을 그 울음을 받아먹은 텃밭의 감도 대추도 모과도 맛이 들대로 들었고 벼도 수수도 여물었고 고추도 매웠고 끝동의 오이도 대풍이 들었지만 사람이 죽는다는 것을 알고 나니 언제나처럼 마구간이 썰렁했다. 할멈 보는 데서 고삐를 벗고 풀이 무성한 벌판을 단 한 번 달려 보지 못한 것이 남아 있는 한이지만 사람도 죽는데 못 죽을 것이 없다고 할멈을 생각하는 사이, 떠밀려 도살장 안으로 성큼 들어섰고 그 꽉 막힌 그 막다른 한순간

어미는 목매기의 긴 울음소리를 아득히 듣는다.

늙은 대장장이

하루는 천은사 가옹스님이 우거(寓居)에 들러

"내가 젊었을 때 전라도 땅 고창 읍내 쇠전거리에서 탁발을 하다가 세월을 담금질하는 한 늙은 대장장이를 만난 일이 있었어. 그때 '돈벌이가 좀 되십니까?' 하고 물었는데 그 늙은 대장장이는 사람을 한 번 치어다보지도 않고 '어제는 모인(某人)이 와서 연장을 벼리어 갔고 오늘은 대정(大釘)을 몇 개 팔고 보시다시피 가마를 때우고 있네요.' 한다 말이야. 그래서 더 묻지를 못하고 떠났다가 그 며칠 후 찾아가서 또 '돈벌이가 좀 되십니까?' 하고 물었지. 그러자 그 늙은 대장장이는 '3대째 전승해온 가업(家業)이라……' 하더니 '젠장할! 망처기일(亡妻忌日)을 잊다니.' 이렇게 퉁명스레 내뱉고 그만 불덩어리를 들입다 두들겨 패는 거야." 하고는 밖으로 나가 망망연히 먼 산을 바라보고 서 있기에

"어디로 가실 생각입니까?"

하고 물었더니 가옹스님은

"그 늙은 대장장이가 보고 싶다 말이다."

하는 것이었습니다.

할미꽃

이른 봄 양지 밭에 나물 캐던 울 어머니
곱다시 다듬어도 검은 머리 희시더니
이제는 한줌의 귀토(歸土) 서러움도 잠드시고.

이 봄 다 가도록 기다림에 지친 삶을
삼삼히 눈감으면 떠오르는 임의 양자(樣子)
그 모정 잊었던 날의 아, 허리 굽은 꽃이여.

하늘 아래 손을 모아 씨앗처럼 받은 가난
긴긴 날 배고픈들 그게 무슨 죄입니까
적막산(寂寞山) 돌아온 봄을 고개 숙인 할미꽃.

시님도 하마 산(山)을 버리셨겠네요

한천사(寒天寺) 스님과 문단의 중진인 음객(吟客) 몇 분이 찾아주셔서 남설악산 내린천과 어성전 너와집을 보여드리고, 동해안 주문진 앞바다 그 검푸른 파도가 수천(水天)갈매기 이런 것들이 보이는 주막에 앉아, 몸도 음식 솜씨도 너벳벳한 주모가 뜨물을 쳐서 묽고 삼삼히 담근 조개젓, 말린 넙치를 두드려 잘게 찢어 양념한 광어무침, 뭐 이런 반찬과, 갓 잡아 올린 그래서 비늘을 벗기고 지느러미를 떼내고 회를 쳐 살을 다 발긴 뼈와 머리와 함께 쟁반에 간잔지런하게 담아놓았는데도 지금 손님들 입에 들어가고 있는데도 이놈은 할 말이 있다는 것인가 없다는 것인가 입과 눈과 뼈는 살아 눈을 떴다가 감았다가 입을 벌렸다가 오므렸다가 하는 도다리회와 오징어 가자미 멍게 해삼 등으로 된 모듬회, 소주 몇 병으로 된 상 앞에 둘러앉아, "그 회 참 싱싱하다 서울에서는 구경도 못한다." 이 한마디가 나오면서, 음식이 들어가고, 소주가 들어가고, 소주 두 병을 비울 때까지는 인생 자연 문학 철학 종교 이야기가 주기만큼 나오더니, 네 병 다섯 병을 비우고부터는 유명 정치인 종교인 문인 교수 이름이 오르내리다가 마침내 다 회처럼 씹어 버리고, 천하제일 음객들답게, 봄날 달밤 한 개구리 울음이 우주를 꿰뚫고 한 집안을 이루는 도리에서 시작하여 동서고금 만경창파에 이르기까지 다 들었다 놓았다 웃고 떠들다가 자리에서 일어나면서 보니, 그놈 도다리도 눈을 감고 입을 다물고 말았는데,

진작 이야기는 지금부터인데, 말씀드리자면 그 주막에서 이만큼 걸어 나오다가 한 늙은 어부를 만났는데, 그 어부도 어디서 한잔했는지 무슨 말 끝에 "실례 말씀입니다만 시님은 수도하신 지 얼마나 되시는지요?" 흔히 듣는 예사로운 말로 예사롭게 물어서 "한 40년 된 것 같습니다." 예사롭게 대답을 하고 늙은 어부를 쳐다보니, 반색을 한 탓인가 주기인가 검푸른 바닷물에 적조(赤潮)가 나타나듯 거무잡잡한 어부의 얼굴에도 적조가 나타나더니 "그럼 시님도 하마 산(山)을 버리셨겠네요?" 하고 한 걸음 가까이 다가오자, 서울의 음객 한 분이 어부 앞을 막아서며, "보이소 영감님. 큰스님에게 무례한 말씀을 하면 됩니까? 스님이 산을 버리다니요?" 이렇게 정색을 하니, 어부의 얼굴에 나타난 적조를 바닷물이 차츰차츰 거두어들이는가 했더니, "지가 늙어 고명하신 손님들께 실언을 했네요.…… 지는 아까 손님들께서 만경창파를 다 말씀하시고…… 그것보담은 지가 노도(櫓棹)를 잡은 지 30년이 지나던 해에 노도를 버렸기에 한번 해본 것이니 오감을 들으실 것은……." 이러고는 "하늘에 새떼가 날아가나…… 흉어가 들라나……" 혼자 궁지렁거리며 도로 걸어가는 바로 그 모습. 그것이었습니다.

돌배나무꽃

덕사(德寺)로 올라가는 한 골짜구니에 속은 썩고 곧은 가지들은 다 부러진 돌배나무 한 그루가 큰 바위를 의지하여 젖버듬히 서 있는데 응달진 곳이라 꽃이 좀 늦게 피지만 꽃이 환하게 다 피면 골짜구니가 얼마나 환한지 처음 찾는 사람들 중에는 그곳에 절이 있는 줄 알고 그곳으로 가는 것을 많이도 보아 온 덕사의 산지기 젊었을 때 일화입니다.

유난히 그 돌배나무와 그 꽃을 좋아했던 젊은 산지기는 그토록 환했던 꽃이 다 지고 나면 가지에서 떨어진 꽃잎은 분명히 바람에 날리기도 하고 땅바닥에 떨어져 밟히기도 하지만 꽃은 어디론가 가는 곳이 있을 것 같아서 좀 알 만한 사람을 보면 물어보고 물어보았지만 신통한 대답은 한 번도 못 들었다는 것입니다.

그런 어느 해 또 길을 잘못 들어온 오종종한 한 늙은이가 그 돌배나무 꽃그늘에 오종종 앉아서 '피면 지고 지면 피고 오면 가고 가면 오고…….' 이렇게 혼자 기뻐하고 혼자 슬퍼하는 모양이 조금은 우스워 그 모양을 멀찌가니 서서 구경하고 있었던 그 산지기는 그만 장난기가 발동하여 늙은이 코앞에 가서 아주 큰 소리로 "영감님! 영감님! 꽃이 어디로 가는지 아시고 하는 소립니까? 모르고 하는 소립니까?" 장난삼아 물어보는 부지불식 그 찰나에 그 오종종한 늙은이 몸 어느 구석에 그런 힘이 남아 있었는지 짚고 있던 개물푸레나무 작대기로 들입다

127

산지기의 어깻죽지를 후려쳤는데 그게 또 어떻게나 아픈지 저만큼 후닥닥 도망을 치니 그 늙은이 왈

"꽃은 네놈이 도망가는 그곳으로…… 그만큼…… 네놈이 작대기에 맞아 아팠던 그곳으로…… 아팠던 그만큼…… 그곳 그곳으로 갔다! 가서!"

하고는 또 혼자 기뻐하고 혼자 슬퍼했다는데…….

그다음 해부터 그 돌배나무꽃이 다 피었다 다 지고 나면 덕사의 일백여 대중들은 돌배나무 그 꽃이 간 곳을 아는 사람을 일백여 대중 중에 오직 그 산지기 한 사람뿐이라고 일백여 대중들이 한마디씩 하다 보면 덕사에는 봄 여름 가을 겨울 없이 일 년 내내 돌배나무꽃이 환하게 피어 사람들의 마음도 좀 환하게 했다는 그런 이야기입니다.

오누이

어린 오누이가 오솔길을 탈래탈래 걸어간다
이 마을, 잎겨드랑이에 담홍색으로 핀 꽃 같다
이슬이 마르지 않은 이른 아침에

수달과 사냥꾼

어떤 젊은 사냥꾼이 때마침 먹이를 찾아 물가에 나온 수달피 한 마리를 잡아 껍질을 벗겨 기세등등 집으로 돌아왔는데요, 그 다음 날 내버린 수달피의 뼈가 어디로 걸어간 핏자국이 보여 그 핏자국을 조심조심 따라가니 어느 동굴 속으로 들어갔는데요, 그 어둑어둑한 동굴 속에는 전날 껍질을 벗기고 살을 발라낸 수달피의 한 무더기 앙상한 뼈가 아직도 살아 다섯 마리나 되는 자기 새끼들을 한꺼번에 감싸 안고 있었는데요, 아직 눈도 뜨지 않은 새끼놈들은 에미의 참상을 못 보고 젖을 달라고 칭얼거리고 있었는데요, 사냥꾼이 사람이 아무리 지독하대도 그 에미와 그 새끼들을 보고는 살 수도 죽을 수도 없어서 그 새끼들이 자립할 때까지 에미 수달피가 되었다는데요, 그 기간이 3년이었지만 3겁(劫)이나 된 것 같았다는데요, 결국 세상 길 마음 길이 다 끊어졌다는데요, 세상 길 마음 길이 다 끊어진 사람이 갈 곳은 절간밖에 없었는데요, 절간에서도 몸에서 비린내가 난다고 받아주지 않았는데요, 숯불을 담은 화로를 머리에 이고 뜰에 서 있었는데요, 정수리가 터지고 우레 소리가 진동했는데요, 그때사 무외(無畏)라는 주지가 주문으로 터진 데를 아물게 하고 살도록 허락을 했는데요, 이름을 혜통(惠通)이라고 지어주었다 해요. 물론 신라 문무왕 때 있었던 일이지요.

바보

며칠 전에 어느 회사에서 사원들을 위해 불교 경제론을 이야기해달라는 청법이 있었습니다. 나는 1천여 명이나 되는 청중 앞에서 잠시 양구하다가

"여러분! 근세의 도인 중에서 혜월이라는 스님이 있었는데 어느 해 겨울 마을 사람들을 불러 산을 뭉개어 논을 만든 일이 있었습니다. 그런데 한겨울 내내 논은 겨우 두 마지기밖에 만들지 못했는데 품값은 논 열 마지기값이 들어갔습니다. 그 절 주지스님이 '혜월스님! 논 두 마지기 치기 위해 논 열 마지기를 버려야 합니까?' 하고 울화통을 터뜨리자 혜월스님 왈, '주지스님은 바보다. 논 열 마지기는 저기 그대로 있고 두 마지기가 또 생긴 것은 모르고. 그간 마을 사람들 품값 받아 잘 쓰고. 웬 세상에 이런 이익이 어디 있나. 내년 겨울에도 또 해야겠어.' 했답니다."

여기까지 내가 말하자 1천여 명이나 되는 청중들이 배를 들썩들썩거리며 웃었습니다. 그 웃음소리는 이승 사람들의 웃음소리가 아니었습니다. 물론 나도 배를 들썩들썩거리며 웃었지만 말입니다.

종

우리 절 종두(鐘頭)는 매일같이 새벽 3시만 되면 천근이나 되는 대종을 울리는데 한 번은 "새벽 찬바람이 건강에 해롭다 하니 다른 소임을 맡는 것이 어떻겠느냐?"고 물어보니 "안 됩니다. 노덕(老德)스님 열반종(涅槃鐘)도 저가 칠 것입니다. 20여 년 전 조실(祖室)스님 종성도 저가 했는데 그 종소리 흐름이 얼마나 맑고 크고 길었는지……. 그 종성 듣고 울지 않는 사람이 없었습니다. 한데 그날 이후 이날까지 그 소리 한 번도 못 들었습니다. 그날보다 더 조심을 해도 그 소리가 나오지 않는 것을 보니 종도 뭘 아는가 모르지만 노덕스님 열반에 드시면 그 소리 나올 것 같습니다." 하고는, "좌우지간 그 소리 한 번 더 듣고 그만둬도 그만둘 것입니다." 하고 그 누구도 맡기 싫어하는 종두를 계속하겠다는 것이었습니다.

불효자의 통곡소리

하루는 치악산 정휴(正休)스님이 시외전화를 걸어

"옛날 중국에 육상(陸常)이라는 뒤에 스님이 된 사람이 살았지요. 어느 날 육상은 그의 어머니의 매를 맞고 밖으로 뛰쳐나왔다가 잠시 후 다시 방으로 들어가 '어머니 슬픕니다.' 눈물을 흘리며 말했지요. 전에 없이 슬프게 우는 아들을 본 그의 어머니가 '네놈이 에미의 매를 맞고 우는 것을 처음 본다. 이놈아! 에미에게 매를 맞는 것이 그리도 슬프냐?'고 묻자 육상은 무릎을 꿇고 '어머니, 소생이 어머니의 매를 맞은 것이 슬퍼서 우는 것이 아닙니다. 옛날에 어머니의 매를 맞을 때마다 종아리에 시퍼런 멍이 들고 몹시 아팠는데 오늘은 그토록 맞아도 아프지 않으니 어머니가 늙으셔서……. 기력이 다하신 것 같아서…….' 하고 어깨를 들먹거리고 있었습니다."

여기서 잠시 말을 끊고는

"이 이야기가 얼마짜리나 되겠고?"

하고 거량을 해오기에

"고인(古人)들이 진리란 언어도단(言語道斷)하고 심행처멸(心行處滅)한 자리라 했으니 무게를 달아 값을 매길 수도 없고 별달리 흥정할 거간꾼도 없지 않고?"

이렇게 반문하고는

"그러나 세상에는 물물거래가 있듯이 진리에는 또 법거래(法去來)라는 것이 있으니 일백만 원을 드리리다."

했더니 정휴스님은

"좋습니다."

하고 한바탕 웃어제꼈는데 수화기를 놓고 들으니 그게 웃음소리가 아니라 불효자의 통곡소리였습니다.

자갈치 아즈매

　사내대장부 평생을 옷 한 벌과 지팡이 하나로 살았던 설봉(雪峰)스님은 말년에 부산 범어사에 주석했는데 그 무렵 곡기를 끊고 곡차를 즐겼지요.

　그날도 자갈치 그 어시장 그 많은 사람사람 사투리사투리 물비릿내 물비릿내 이것들을 질척질척 밟고 걸어 들어가니, 생선 좌판 위에 등이 두툼한 칼로 생태를 토막 내고 있던 눈이 빠꼼한 늙은 '아즈매 보살'이 이 무르팍을 짚고 꾸부정한 허리를 펴며 뻐드렁니 하나를 내어 놓았지요.

　"요새 시님 코빼기도 본 사람 없다캐싸서 그마 시상살기 싫다캐서 열반에 드셨나 캤다캐도요, 오래 사니 또 보겠다캐도……."

　이러고는 바짝 마른 스님의 손목을 거머잡는가 싶더니 치마 끝자락으로 눈꼽을 닦아내고, 전대에서 돈 오천 원을 꺼내어 곡차 값으로 꼭 쥐어주고, 이번에는 빠닥빠닥한 일만원권 한 장을 흰 봉투에 담아 주머니에 넣어주면서

　"둘째 미누리 아이가 여태 태기가 없다캐도…… 잠이 안 온다캐도요. 둘째놈 제대 만기제대하고 취직하마 시님 은공 갚을끼라캐도요. 그마 시님이 곡차 한 잔 자시고요. 칠성님께 달덩이 머스마 하나 점지하라카소. 약소하다캐도 행편 안 그렁교?"

　하고 빠꼼빠꼼 스님을 쳐다보자. 스님은 흰 봉투 속을 들여다보고

는 선화(禪話) 하나를 만들었지요.

"아즈매 보살! 요새 송아지 새끼 한 마리 값이 얼마인 줄 알고 캅니꺼? 모르고 캅니꺼? 도야지 새끼도 물 좋은 놈은 몇 만 원 한다 카는데에 이것 가지고 머스마 값이 되겠니꺼?"

그러자 그 맞은편 좌판 앞에서 물오징어를 팔고 있던 젊은 아즈매 보살이 쿡쿡 웃음을 참다못해 밑이 추지도록 웃고 말았는데. 때마침 먹이를 찾아왔던 갈매기 한 마리가 그 웃음소리를 듣고 멀리 바다로 날라갔는데. 그 소문을 얼마나 퍼뜨렸는지…….

그 후 몇 해가 지나 설봉스님 장례식 때는 부산 앞바다 그 수백 마리 갈매기들이 모여들어서 아즈매 보살들의 울음소리를 흑흑흑…… 흉내를 내다가 눈물 뜸뜸 떨구었지요.

눈을 감아야 얼비치니

　　그러니까 한 20년 전 금릉 계림사 가는 길목에서 어떤 석수를 만난 일이 있었지요. 쉰 줄은 실히 들어 보이는 그 석수는 길가의 큰 바위에 먹줄을 놓고 징을 먹이고 있었는데 사람이 곁에 서서 "무엇을 만드십니까?" 하고 물어도 들은 척 만 척 대답이 없었지요. 그 후 몇 해가 지나 무슨 일로 그곳을 가다가 보니 그 바위덩어리가 방금이라도 금구(金口)를 열 것 같은 미륵불과 세상을 환히 밝혀들 사자석등으로 변해 있었는데 그 놀라움에 한동안 그곳을 떠나지 못했지요. 그로부터 십 수 년이 지난 어느 날 내설악 백담계곡에서 우연히 그 석수를 만났는데 "요즘도 돌일을 하십니까?" 하고 물어도 그 늙은 석수는 희넓직한 반석 위에 쭈그려 앉아 가만히 혼자 한숨을 삼키며 말이 없더니 "시님, 사람 한평생 행보가 다 헛걸음 같네요. 이날 평생 돌에다 인생을 걸었지만 일흔이 되어 돌아보니 내가 깨뜨린 돌이 일흔 개도 넘는데 그 모두가 파불(破佛)이 되고 말았거든요. 일찍이 돌에다 먹물과 징을 먹이지 않고 진불(眞佛)을 보아내는 안목이 있었다면 내 진작 망치를 들지 않았을 텐데……." 이렇게 말끝을 흐려트리고는 한동안 허공을 바라보더니 "시님, 우리가 시방 깔고 앉은 이 반석과 저 맑은 물속에 잠겨 있는 반석들을 눈을 감고 가만히 들여다보시지요. 이 반석들 속에 천진한 동불(童佛)들이 놀고 있는 모습이 나타날 것입니다. 저쪽 암벽에는 마애불이, 그 옆 바위에는 연등불이, 그 앞 반석에는 삼존불이, 좌편 바위에는 문수보살님이……. 헌데 시님 젊었을 때는 눈을 뜨고 봐도 나타나지 않아 먹줄을 놓아야 했는데……. 이제 눈이 멀어 왔던 길도 잘 잊어버리는데……. 눈을 감아야 얼비치니……. 눈만 감으면 바위 속에 정좌해 계시는 부처님이 보이시니……. 징만 먹이면 징만 먹이면 이제는 정말이지 징만 먹이면……." 무슨 통곡처럼 말하고 무슨 발작처럼 실소하더니 더는 말이 없었지요.

만공스님

일제 때, 총독부에서 전국의 33본사 주지스님들을 모아놓고 "조선 승려들도 결혼을 하기 바란다."고 했을 때 당시 수덕사 만공스님이 "범계(犯戒)하면 그 나라 물도 먹을 수 없고, 땅도 밟을 수 없다. 더욱 비구(比丘)를 파계시키면 죽어 축생이 된다. 고로 조선총독은 세세토록 지옥 축생이 될 것이다." 이렇게 설파하고 그들의 우리 문화 말살정책을 준엄히 꾸짖은 일이 있었는데 이 말을 전해들은 만해 한용운스님이 한달음에 달려가 만공스님 산창을 두드리며

"사자의 한 울음에 요괴의 뇌가 찢어졌습니다. 그러나 기왕이면 할(喝)보다는 몽둥이 봉(棒)으로 내리쳤으면 더 좋을 뻔했습니다."

하고 그날의 일을 찬탄하자 만공스님은 이렇게 말했답니다.

"이 좀스런 친구야. 사자는 그림자만 보이는 법이니라."

다람쥐 두 마리

아득한 옛날의 무슨 전설이나 일화가 아니라 요 근년에 비구니스님들이 모여 공부하는 암자에서 일어난 사건입니다. 물론 숲 속에 파묻힌 돌담 주춧돌도 천년 고탑도 비스듬한 그 암자의 마당에 들어서면 물소리가 밟히고 먹뻐꾹 울음소리가 옷자락에 배어드는 심산의 암자이지요. 그 암자의 마당 끝 계류가에는 생남불공(生男佛供) 왔던 아낙네들이 코를 뜯어먹어 콧잔등이 반만큼 떨어져나간, 그래서 웃을 때는 우는 것 같고 정작 울 때는 웃는 것 같은 석불도 있지요. 어떻게 보면 암자가 없었으면 좋을 뻔했던 그 두루적막 속에서 20년을 살았다는 노비구니스님이 그해 늦가을 그 석불 곁에 서서 물에 떠내려가는 자기의 그림자를 붙잡고 있을 때 다람쥐 두 마리가 도토리를 물고 돌담 속으로 뻔질나게 들락거리는 것을 보게 되었지요. "옳거니! 돌담 속에는 도토리가 많겠구나. 묵을 해 부처님께 공양 올리고 먹어야지. 나무아미타불." 이렇게 중얼거린 노비구니스님이 돌담을 허물어뜨리고 보니 과연 그 속에는 도토리가 한 가마는 좋게 나왔지요. 그런데 그 한 가마나 되는 도토리를 몽땅 꺼내어 묵을 해 먹었던 다음 날 아침에 보니 그놈의 다람쥐 두 마리가 노비구니스님의 흰 고무신을 뜯어 먹고 있었답니다.

그 흰 고무신을 뜯어 먹다가 죽었답니다.

골보다 깊은 사모(思慕)를

어느 신의 뜻으로도
한생은 버릴 수 없어

뜨지도 잠기지도 않고
가만 드는 산목단(山牧丹)

골보다 깊은 사모를
잎으로나 접었다.

몽상

산에는 백도라지 들에는 민들레꽃
내 고향 아득한 기억은 우물 속 드리운 얼굴
담장가 등 돌리고 섰던 순이 한번 만나고 싶다.

물올라 싱그러운 쑥내음은 나도 몰라
십 리도 까마득한 언덕 달은 너무 밝아
못 지울 영상을 밟고 몰래 나온 조그마한 마을.

마셔서 차지 않고 못내 비운 이날 밤은
어딘지 시름 번질 속 쓰린 항아린가
깨고 난 잠의 자리엔 메아리만 감도네.

잘못 살온 세상이라도 정화수 끝내 말고
초 한 자루 밥 한 그릇 외할머니 빌어주신
그날 그 돌상 곁에서 놀 수 없는 왕자여.

남산골 아이들

남산골 아이들은
흰 눈 덮인 겨울이 가면

십 리도 까마득한
산속으로 들어가서

멧새알 둥지를 안고
달빛 먹고 오더라.

일월(日月)

하늘은 저만큼 높고
바다는 이만큼 깊고

하루해 잠기는 수평
꽃구름이 물드는데

닫힐 듯 열리는 천문(天門)
아, 동녘 달이 또 돋는다.

염(殮)장이와 선사

어느 신도님 부음을 받고 문상을 가니 때마침 늙은 염장이가 염습을 하고 있었는데 그 모습이 얼마나 지극한지 마치 어진 의원이 환자를 진맥하듯 시신 어느 한 부분도 소홀함이 없었고, 염을 다 마치고는 마지막 포옹이라도 하고 싶다는 눈길을 주고도 모자라 시취(屍臭)까지 맡아보고서야 관 뚜껑을 덮는 것이었습니다.

사실 오늘 아침 한솥밥을 먹은 가족이라도 죽으면 시체라 하고 시체라는 말만 들어도 섬찍지근 소름이 끼쳐 곁에 가기를 싫어하는데 생전에 일면식도 없는 생면부지의 타인, 그것도 다 늙고 병들어 죽어 시충(尸蟲)까지 나오는 시신을 그렇게 정성을 다하는 염장이는 처음 보았기에 이제 상제와 복인들에게 인사를 하고 돌아가는 염장이에게 한마디 건네보았습니다.

"처사님은 염을 하신 지 몇 해나 되셨는지요?"

"서른둘에 시작했으니 한 40년 되어갑니다."

"그러시면 많은 사람의 염을 하신 것 같으신데 다른 사람의 염도 오늘처럼 정성을 다하십니까?"

"별말씀을 다 하시니……. 산 사람은 구별이 있지만 시신은 남녀노소 쇠붙이 다를 것이 없습니다. 내 소시에는 돈 땜에 이 짓을 했지만 이 짓도 한 해에 몇 백 명 하다 보니 남모를 정이 들었다 할까유, 정이……. 사람들은 시신을 무섭다고 하지만 나는 외려 산 사람이 무섭지 시신을 대하면 내 가족 같기도 하고 어떤 때는 내 자신의 시신을 보는 듯해서……."

이쯤에서 실없는 소리 그만하고 갈 길을 가야겠다는 표정이더니, 대뜸

"내 기왕 말씀이 나온 김이니 시님에게 한 말씀 물어봅시더. 이 짓도 하다 보니 시님들도 많이 만나게 되는데, 어떤 시님은 사람 육신을 피고름을 담은 가죽 푸대니, 가죽 주머니니, 욕망덩어리라 이것을 버렸으니 물에 잠긴 달그림자처럼 영가(靈駕)는 걸림이 없어 좋겠다고 하시기도 하고, 어떤 시님은 허깨비 같은 빈 몸이 곧 법신(法身)이라 했던가유? 그렇게 하고, 또 어떤 시님은 왕생극락을 기원하며 염불만 하시는 시님도 있고……. 아무튼 시님들 법문도 각각인데 그것은 그만두시고요. 참말로 사람이 죽으면 극락지옥이 있습니꺼?"

흔히 듣는 질문이요 신도들 앞에서도 곧잘 해왔던 질문을 받았지만 이 무구한 염장이 물음 앞에는 그만 은산철벽을 만난 듯 동서불명(東西不明)이 되고 말았는데, 염장이는 오히려 공연한 말을 했다는 듯,

"염을 하다 보면 말씀인데유. 이 시신의 혼백은 극락을 갔겠다 저 혼백은 지옥에 갔겠다 이런 느낌이 들 때도 더러 있어 그냥 해본 소리니더. 이것도 넋 빠진 소리입니더만 분명한 것은 처음 보는 시신이지만 그 시신을 대하면 이 사람은 마 청검하게 살았겠다 이 노인은 후덕하

게 또는 남 못할 짓만 골라서 하다가, 이 시신은 고생만 하다가 또는 누명 같은 것을 못 벗고…… 그 머라하지유? 느낌이랄까유? 그, 그 사람이 살아온 흔적 같은 것이 시신에 남아 있거든요?"

하고는 더 말을 하지 않을 듯 딸막딸막하더니, 당신의 그 노기(老氣)로 상대가 더 듣고 싶어하는 마음을 읽었음인지,

"극락을 갔겠다는 느낌이 드는 시신은 대강대강 해도 맘에 걸리지 않지만 그렇지 않은 죄가 많아 보이는 시신을 대하면 자신이 죄를 지은 것처럼 눈시울이 뜨뜻해지니더. 정이니더. 옛사람 말씀에 죽을 때는 그 말이 선해지고 새도 죽을 때는 그 울음이 애처롭다 했다니더. 죽을 때는 누구나 다 선해지니더……. 이렇게 갈 것을 그렇게 살았나? 하고 한번 물어보면 영감님 억천 년이나 살 것 같아서, 가족들 기쁘게 해주고 싶어서 한번 잘 살아보고 싶어서 그랬니더. 너무 사람 울리시면 내 화를 내고 울화통 터져 눈 못 감고 갑니더. 이런 대답을 들으니 아무리 인정머리 없는 염쟁이지만 정이 안 들겠니꺼? 그 돌쟁이도 먹놓고 징 먹일 때는 자기의 혼을 넣고…… 땜쟁이도 그렇다 하는데 오늘 아침 숨을 같이 쉬고 했던 사람이 마지막 가는데유……. 아무런들 이 짓도 정이 없으면 못해먹을 것인데 그렇듯 시신과 정을 나누다가 보면 어느 사이 그 시신 언저리에 남아 있던 삶의 때라 할까유? 뭐 그런 것이 걷히고 비로소 내 마음도 편안해지거든요. 결국은 내 마음 편안할

려고 하는 짓이면서도 남 눈에는 시신을 위하는 것이 풍기니 나도 아직……."

하고는 잠시 나를 이윽히 바라보더니,

"시님도 다 아시는 일을 말했니더. 나도 어릴 때 뒷절 노시님이 중될 팔자라 했는데 시님들 말씀과 같이 업(業)이라는 것이 남아 있어서……. 이제 나도 갈 일만 남은 시신입니다."

이렇게 말끝을 흐리는 것이었습니다.

시간론

여자라고 다 여자 아니여
여자 소리 들을라면

언제 어디서 봐도
거문고줄 같아야

그 물론 진겁(塵劫) 다하도록
기다리는 사람 있어야

몰현금(沒絃琴) 한 줄

사내라고 다 장부 아니여
장부 소리 들을라면

몸은 들지 못해도
마음 하나는 다 놓았다 다 들어 올려야

그 물론 몰현금 한 줄은
그냥 탈 줄 알아야

견우(見牛)

어젯밤 그늘에 비친 고삐 벗고 선 그림자
그 무형의 그 열상(裂傷)을 초범으로 다스린다?
태어난 목숨의 빚을 아직 갚지 못했는데

하늘 위 둔석(窀穸)에서 누가 앓는 천만이다
상두꾼도 없는 상여 마을 밖을 가는 거다
어머니 사련의 아들 그 목숨의 반경(反耕)이여.

삶에는 해갈이 없습니다. —황동규 시인의 시 〈사라지는 것들〉에 대한 동문서답

앞들 열두배미의 논 물갈이하는 날
삶의 끄트러기는 넉걷이 끝물 덩굴
잘못 산 내 모습 같아 서둘러 걷어내었다

논두렁도 봇도랑도 구불구불 흘러가고
쟁기날이 나도 함께 갈아엎은 무논바닥
멍에 목 어루만지면 써레질로 저문 하루

사람이나 짐승이나 허연 거품 무는 것은
모종내고 무넘기고 한숨 돌릴라치면
그 사이 해갈의 몸에 상처 같은 엉그름

4부

적멸을 위하여

적멸을 위하여

삶의 즐거움을 모르는 놈이
죽음의 즐거움을 알겠느냐

어차피 한 마리
기는 벌레가 아니더냐

이다음 숲에서 사는
새의 먹이로 가야겠다.

설법

고암스님이 법상에 올라 주장자를 높이 들고

"세존이 어느 날 설법을 하시려고 고좌(高座)에 올랐습니다. 이때 문수보살이 설법이 시작되지도 않았는데 끝났다는 신호로 백추(白椎)를 딱 치고는 '법왕(法王)이 설하는 법을 잘 보라. 법왕의 법이란 방금 본 그와 같은 것이니라.'고 했습니다. 그러자 세존도 곧 자리에서 내려오고 말았습니다."

이렇게 말을 끝내고 대중을 돌아보고는 주장자를 내려놓았습니다.

좌불(座佛)

얼마나 무겁던가
자리하여 앉은 마음

연유는 말없어도
해와 달 장등(長燈) 켜고

한 자락 청산을 지켜
꿈 밝혀 든 불두화(佛頭花)여.

몸을 잃어버린 사람

어떤 촌유(村儒)가 절에서 하룻밤 유숙하게 되어 그게 또 고마워 대중방에 들어가 하직 인사를 하고는,

"노애공(魯哀公)이 공자(孔子)님께 '듣건데 건망증에 걸린 사람이 이사를 가면서 자기 아내를 잊고 데리고 가지 않았다니 그럴 수 있습니까?' 하고 묻자, 공자님은 '그래도 그것은 심한 자가 아니다. 심한 자는 자기 몸도 잊어버린다.'라고 대답하셨습니다."

여기서 잠시 뜸을 들이고는

"불도(佛道)에서는 어떤 사람을 자기 몸을 잃어버린 사람이라고 하는지요?"

하고 질문을 했는데 여러 대중들은 선문답(禪問答)을 하자고 하는 것인지 말머리를 못 찾아 잠자코 있는데, 절에 들어온 지 달포도 안 된 김행자란 놈이 시건방지게,

"바로 처사님 같은 사람을 두고 몸을 잃어버린 사람이라고 합니다."

하고 면박을 주었는데, 그 촌유가 가고 난 다음, 그런 소리하면 되느냐고 했더니,

"저도 대중스님 앞에 버릇없이 함부로 행동했으니 몸을 잃었지만 그 유생도 그렇지 않습니까?"

이러고는 입을 꾹 다물고 있었습니다.

서산대사

염전(念前)에 생면부지의 한 처사가 찾아와 절에서는 스승 노릇을 하느냐고 묻기에 다음과 같은 이야기를 해주었습니다.

맑은 물빛은 스님과 푸른 눈
산빛은 부처님의 푸른 이마
달은 한 마음의 근원
구름은 그래도 대장경

위의 선시를 쓴 소요(逍遙)스님이 젊었을 때 서산대사를 찾아가 선법을 물었으나 서산대사는 이미 소요스님도 통달한 능엄경을 매일 다섯 줄씩 가르쳐주니, 짜증스러워 소요스님은 그만 돌아갈 생각을 했답니다. 그런 생각을 했더니 그날 보니, 소요스님이 잠깐 밖에 나왔다가 돌아오면 서산대사는 땟물과 콧물이 묻은 조그마한 책을 보다가는 곧 안주머니 속에 도로 넣곤 했지요. 그것도 한두 번이 아니라 하루에도 몇 번씩이나 되풀이하니 소요스님은 잔뜩 의심이 생겨 떠나지를 못하고, 하루 저녁에는 모시고 자다가 서산대사께서 잠든 틈을 이용해 몰래 그 작은 책을 보려고 하니, 어느 사이 화들짝 놀라며 깨어나서 그 책을 더욱 소중히 감추었답니다. 그 다음 날 소요스님은 떠날 준비를 하고 하직 인사를 가니, 서산대사는 그토록 소중히 간직했던 그 책을 던지며 "이 사람아 가려거든 이 책이나 가지고 가게." 했는데, 그 소요 스님은 한참 걷다가 어느 나무 그늘에 앉아 호기심이 가득 찬 눈으로 그 책을 살며시 펴보니 다음과 같은 선시 한 수가 있었지요.

가소롭다 소를 탄 자여 소를 타고 다시 소를 찾는구나
장래 그늘 없는 나무 밑에 앉으면 수중의 거품이 모두 소멸하리라

소요스님은 이 선시를 읽고 또 읽다가 의심이 더욱 깊어져 서산대사에게 시의 뜻을 물어볼 생각으로 발길을 돌려 절에 오니, 그 사이 서산대사는 열반에 들고 시신(屍身)만 남아 있었지요. 소요스님은 그 시신을 보고 비로소 크나큰 깨달음을 얻었답니다.
이쯤에서 이야기를 마치자 생면부지의 그 처사는
"그 남의 스승 노릇하기 어렵군요."
하고 그냥 밖으로 나가는 것이었습니다.

마음 머무르지 않고

일본 임제종의 다쿠안(潭庵) 선사는 항상 마른 나뭇가지나 차가운 바위처럼 보여 한 젊은이가 짓궂은 생각이 들어 이쁜 창녀의 나체화를 선사 앞에 내놓으며 찬(讚)을 청하고 선사의 표정을 삐뚜름히 살피니 다쿠안 선사는 뻥긋뻥긋 웃으며 찬을 써 내려갔습니다.

나는 부처를 팔고
그대는 몸을 팔고
버들은 푸르고 꽃은 붉고……
밤마다 물 위로 달이 지나가지만
마음 머무르지 않고 그림자 남기지 않는도다

이 세상에서 제일로 환한 웃음

　지난 입춘 다음다음 날 여든은 실히 들어 보이는 얼굴의 캉캉한 촌노인이 우리 절 원통보전 축대 밑에 쭈그리고 앉아 아주 헛기침까지 해가면서 소주잔을 홀짝홀짝거리고 있었는데 그 모양을 본 노전스님이 "어르신, 여기서 술을 마시면 지옥 갑니다. 저쪽 밖으로 나가서 드십시오." 하고 안경 속의 눈을 뜨악하게 치뜨자 가뜩이나 캉캉한 얼굴을 짱땅그려 노전스님을 치어다보던 노인이 두 볼이 오무라들도록 담배를 빨더니 어칠비칠 걸어 나가면서 "요 절에도 중 냄새 안 나는 시님은 없다캐도. 내 늙어 요로코롬 시님들이 괄대할 줄 알았다캐도 고때 공비놈들이 대흥사에 불처지를라칼 고때 구경만 했을끼이라캐도. 쩌대는 무논에서 뼈 빠지게 일을 했다캐도 타작마당머리에서는 뼈 빠진 놈은 허접스런 쭉정이뿐이라캐도 시님들 공부 잘 하시라고 원망 한번 안 했는디 아 글세 공비놈들이 나타나고 전쟁이 터지자 생사(生死)가 똑같다카든 대흥사 시님들은 불사처(不死處)를 찾아 다 떠나고 절은 헌 벌집처럼 헹뎅그렁 비어 있을 고때 여름 장마에 담장과 축대가 허물어지고 총소리와 비행기 소리에 기왓장이 다 깨지고 잡초가 무성하고 빗물이 기둥과 서까래를 타고 내릴 고때 공비놈들이 은신처가 되었을 고때 공비놈들이 소 잡아묵고 떠나면서 대웅전에 불을 지를라칼 고때 그 불 누가 막고 그 절 누가 지켰나캐도……. 그 절 지킨 시님 있으마 당장 나와봐라캐도. 화재 막고 허물어진 축대 담장 쌓고 잡초 뽑아내고 농사지어 놓으니 불사처에서 돌아와 검누렇게 뜬 낯짝 쌍판대기가 게접스러운 데다 어깨와 갈빗대가 뼈 가죽을 쓰고 있는 것 같은 소작인들을 불러놓고 절 중수한다꼬칼 고때도 낯짝만 몇 번이고 문질렀을 뿐이라캐도. 내 늙어빠져 요로코롬 시님들이 업신여기고 박절하게 괄대 천시할 줄 알았다캐도 고때 나도 불구경이나 했을끼라캐도……."

 이렇게 욕지거리를 게워내는 것이었는데 그 욕지거리를 우리 절 일주문 밖 개살구나무가 모조리 다 빨아먹고 신물이 들대로 다 들어 올 봄 상춘객에게 이 세상에서 제일로 환한 꽃을 보여주었습니다. 이 세상에서 제일로 환한 웃음을 선사하였습니다.

들오리 떼 울음소리

스승[마조(馬祖)]과 제가[백장(百丈)]가 해 저문 강기슭 길을 묵묵히 걷고 있을 때 한 무리 들오리 떼가 울며 저녁노을이 붉게 물든 서천으로 줄을 지어 날아가고 있었습니다. 문득 스승이 제자에게 물었습니다.

"저게 무슨 소리냐?"

"들오리 떼 울음소립니다."

한동안 말없이 걷던 스승이 다시 물었습니다.

"그 들오리 떼 울음소리가 어디로 갔느냐?"

"멀리 서쪽으로 날아가버렸습니다."

이 대답이 떨어지자마자 스승은 제자의 코를 잡고 힘껏 비틀었는데 얼떨결에 당한 제자가 "아야! 아야!" 하고 비명을 내지르자 스승은 벽력 같은 호통을 내리쳤습니다.

"날아갔다더니 여기 있지 않느냐?"

언젠가 이 이야기를 듣고 통도사 경봉노사(鏡峰老師)에게 "들오리 떼는 분명히 날아갔는데 스승이 '왜 여기 있지 않느냐'고 호통을 쳤습니까?"

하고 물었더니 경봉노사는 이렇게 혀를 차시는 것이었습니다.

"니가 공부꾼 같으마 들오리 떼 울음이 강물에 남아 있다카겠으나 니는 공부꾼이 아니니 저 아래 돌다리 밑으로 떠내려가는 부처를 보고 오너라. 니가 보고 듣는 세계도 무진장하지만 니가 보지도 듣지도 못하는 세계도 무진장하다카는 것을 알고 싶으마……. 쯧, 쯧, 쯧."

청학(青鶴) — 영허선사

한 백년 님의 원을
황악(黃岳)으로 두시고서

외로시면 날빛 한 자락
즐겨시면 달 하늘을

천애(天涯)로 펼쳐진 나래
만법 넘어 가십니까.

나는 말을 잃어버렸다

내 나이 일흔둘에 반은 빈집뿐인 산마을을 지날 때

늙은 중님, 하고 부르는 소리에 걸음을 멈추었더니 예닐곱 아이가 감자 한 알 쥐어주고 꾸벅, 절을 하고 돌아갔다가 나는 할 말을 잃어버렸다.

그 산마을 벗어나서 내가 왜 이렇게 오래 사나 했더니 그 아이에게 감자 한 알 받을 일이 남아서였다.

오늘도 그 생각 속으로 무작정 걷고 있다

천만(喘滿)

온몸에 열기가 번지고 으스스 떨리는 도한(盜汗)
벌써 몇 년째인가 쿨룩쿨룩 쿨룩쿨룩
이름난 의원은 많아도 약이 없는 나의 병.

얼마를 더 앓아야 기침이 멎을 건가
한밤에 토사(吐瀉)를 해도 세상은 비릿비릿하고
뱉은 건 병균 아니라 내 살점 묻는 피.

진작 다친 몸이라면 붕대라도 감았을걸
눈을 부릅떠도 보이지 않는 저 환부(患部)를
오늘도 도려내지 못하고 쿨룩쿨룩 쿨룩쿨룩.

득우(得牛)

삶도 올거미도 없이 코뚜레를 움켜잡고
매어둘 형법을 찾아 헤맨 걸음 몇 만 보냐
죽어도 한뢰로 우는 생령이어, 강도여.

과녁을 뚫지 못하고 돌아오는 명적(鳴鏑)이다
짜릿한 감전의 아픔 복사해본 살빛이다
이 천지 돌쩌귀에 얽혀 죽지 못한 운명이어.

목우(牧牛)

돌도 풀도 없는 그 성부(城府)의 원야(原野)를
쟁기도 또 보삽도 없이 형벌처럼 다 갈았나
이제는 하늘이 울어도 외박할 줄 모르네.

마지막 이름 두 자를 날인할 하늘이다
무슨 그 측연(測鉛)으로도 잴 수 없는 바다다
다시금 반답(反畓)을 하는 섬지기의 육신이어.

견적(見跡)

명의(名醫), 진맥으로도 끝내 알 수 없는 도심(盜心)
그 무슨 인감도 없이 하늘까지 팔고 갔나
낭자히 흩어진 자국 음담(淫談) 속으로 음담 속으로

세상을 물장구치듯 그렇게 산 엄적(掩迹)이다
그 엄적 석녀(石女)가 지켜 외려 죽은 도산(倒産)이다.
그물을 찢고 간 고기 다시 물에 걸림이어.

부처

강물도 없는 강물 흘러가게 해놓고
강물도 없는 강물 범람하게 해놓고
강물도 없는 강물에 떠내려가는 뗏목다리

심우(尋牛)

누가 내 이마에 좌우 무인(拇印)을 찍어놓고
누가 나로 하여금 수배하게 하였는가
천만금 현상으로도 찾지 못할 내 행방을.

천 개 눈으로도 볼 수 없는 화살이다.
팔이 무릎까지 닿아도 잡지 못할 화살이다.
도살장 쇠도끼 먹고 그 화살로 간 도둑이어.

기우귀가(騎牛歸家)

징소리로 비 개이고 동천(洞天) 물소리 높던 날
한 웃음 만발하여 싣고 가는 이 소식을
그 고향 어느 가풍에 매혼(埋魂)해야 하는가.

살아온 죄적(罪迹) 속에 못 살릴 그 사구(死句)다
도매(盜賣)할 삶을 따라 달아난 그 탈구(脫句)다
그 무슨 도필(刀筆)을 잡고도 못 새길 양음각(陽陰刻)이어.

취모검(吹毛劍) 날 끝에서

놈이라고 다 중놈이냐
중놈 소리 들을라면

취모검 날 끝에서
그 몇 번은 죽어야

그 물론 손발톱 눈썹도
짓물러 다 빠져야

반본환원(返本還原)

석녀와 살아 백정을 낳고 금리(金利) 속에 사는 뜻을
스스로 믿지를 못해 내가 나를 수감했으리
몇 겹을 간통당해도 아, 나는 아직 동진(童眞)이네.

길가의 돌사자가 내 발등을 물어
놀라 나자빠진 세상 일으킬 장수가 없어
스스로 일어나 앉아 만져보는 삶이여.

말

세상은 산다고 하면
부황이라도 좀 들어야

장판지 아니라도
들기름은 거듭 먹여야

그 물론 담장 밖으로
내놓을 말도 좀 있어야

오늘

잉어도 피라미도 다 살았던 봇도랑

맑은 물 흘러들지 않고 더러운 물만 흘러들어

기세를 잡은 미꾸라지놈들

용트림할 만한 오늘

인생을 진공(眞空)에 부쳐

구 옛날 어느 학인(學人)이
살아 기신(己身) 하릴없어

해인사 일주문 위에
현판 하나 썼더란다

인생을 진공(眞空)에 부쳐
누가 붓을 잡으랴.

달마 1

서역 다 줘도 쳐다보지도 않고
그 오랜 화적질로 독살림을 하던 자가
이 세상 파장머리에 한 물건을 내놓았네.

달마 2

살아도 살아봐도 세간은 길몽도 없고
세업 그것까지 개평 다 떼이고
단 한판 도리를 가도 거래할 물주가 없네.

달마 3

바위 앞에 내어놓은 한 그릇 제석거리를
눈으로 다 집어 먹고 시방세계를 다 게워내도
아무도 보지 못하네. 돌아보고 입덧을 하네.

달마 4

한 그루 목숨을 켜는 날이 선 바람소리
선명한 그 자리의 끊어진 소식으로
행인은 길을 묻는데 일원상을 그리네.

달마 5

매일 쓰다듬어도 수염은 자라지 않고
하늘은 너무 맑아 염색을 하고 있네
한 소식 달빛을 잡은 손발톱은 다 물러 빠지고……

달마 6

다 끝난 살림살이의 빚 물리는 먼 기별에
단벌 그 목숨도 두 어깨에 무거운데
세상길 가로막고서 타방으로 도망가네.

달마 7

그 순한 초벌구이의 단단한 토질에
먹으로 찍어 그린 대가 살아남이여
그 맑은 잔잔한 물결을 거슬러 타고 가네.

달마 8

감아도 머리를 감아도 비듬은 씻기지 않고
삶은 간지러워 손톱으로 긁고 있네
그 자국 지나간 자리 부스럼만 짙었네.

달마 9

아무리 부릅떠도 뜨여지지 않는 도신(刀身)의 눈
그 언제 박힌 명씨 한 세계도 보지 못하고
다 죽은 세상이라고 상문(喪門)풀이하고 있네.

달마 10

흙바람 먼지도 없는 강진을 일으켜놓고
한 생각 화재뢰(火災雷)로 천지간을 다 울렸어도
마침내 짖지 못한 상가지구(喪家之狗)여, 상가지구여.

보수개당(寶壽開堂)

입을 열면 다 죽는 것 열지 않아도 다 죽는 것
언제 어디로 가나 따라다니는 의단(疑團)덩어리
이제는 깨뜨려버려라 말할 때가 되었다

암두도자(巖頭渡子)

건져도 건져내어도 그물은 비어 있고
무수한 중생들이 빠져 죽은 장경(藏經) 바다
돛 내린 그 뱃머리에 졸고 앉은 사공이여

동산삼근(東山三斤)

가사, 삼천대천세계의 그 칠보를 다 갖는다 해도
풀 먹인 살림살이 마삼근(麻三斤)도 빳빳했거늘
진실로 풀 그것까지 빨아내는 것만 할까

조주대사(趙州大師)

진작 찾아야 할 부처는 보이지 않고

허공에서 떨어지는 저 살인도(殺人刀) 저 활인검(活人劍)

한 사람 살아가는데 만 사람이 죽어 있구나

향상일로(向上一路)

벗어 들 헌 짚신 그 한 짝도 없이
한 생각 일사천하(一四天下), 일백일십성(一白一十城)을 다 밟아보고
그 걸음 그 몸짓으로 밀뜨린 은산철벽

북두장신(北斗藏身)

하늘에는 낙뢰소리 땅에는 낙반소리
한 장 거적때기로 덮어놓은 시방세계
그 소리 다 갖고 살아라 그냥 숨어 살아라.

현사과환(玄沙過患)

다스리는 세상은 아무래도 멍에! 멍에!
노주 없는 소전거리 코를 꿰매놓고
다 같은 소의 몸으로 목숨에도 값을 매겼네

백장야호(百丈野狐)

몇 겁을 울던 울음 모두 울어버리고
몇 겁을 웃던 웃음 모두 웃어버리고
시방찰 문전 앞에서 허물 벗고 가거라

명성견성(明星見性)

오직 저 하늘의 새벽별만 아는 일이다
하룻밤에 만 번 죽고 만 번 사는 그 이치를
하룻밤 그 사이에 절여놓은 이 산천을

금우반통(金牛飯桶)

털갈이 길짐승 또는 날짐승이었다면
까마귀밥나무 또는 나무귀신 같은 부처여
그냥은 앉을 횃대도 죽을 목숨도 없구나

개사입욕(開士入浴)

지곡하라. 지곡하라. 곡비(哭婢)여 지곡하라.
삶이란 바깥바람
죽음은 강어귀굽이
이 집안 소식도 결국 살아 생이별이다.

흠산삼관(欽山三關)

철옹성의 빗장보다 굳게 닫힌

관문(關門)

관문

관문

무슨 포교처럼 지나가는 사람들을

그 모두 다 불러놓고 점검하는 고함소리

취미선판(翠微禪板)

물으면 말을 물으면 묻는 놈은 다 죽는다
멀리 또 가까이 이 하늘을 버린 파가(罷家)
앉아서 설도(舌刀) 하나로 몇 만 명을 죽였는가.

오봉병각(五峰倂却)

무슨 큰 죄 짓고 받고 싶은 화형(火刑)이여

진동 항아리 비어 있는 영대(靈臺)여

타버린 소산(燒山) 둘레에 남아 있는 검부러기

천평행각(天平行脚)

하루하루 살아갈수록 눈은 더 침침하고
한 치 앞도 볼 수 없는 천야만야 생사의 간두(竿頭)
이제는 손을 놓아라 살아남고 싶으면

앙산유산(仰山遊山)

땅위줄기 땅속줄기 두메 층층이
줄기는 모가 졌고 잎은 마주 나고
뾰죽한 그 잎자루여 톱니가 있음이여

일색과후(一色過後) 1

일찍이 깊은 줄 몰랐던
내 목숨 생수(生水)받이에

그 누가 말도 없이
돌을 집어 던지는지

막아도 매일 막아도
터지는 생활의 둑.

터지고 터져
분노까지 터져버려

곧이곧대로 믿은
내 인생에 내가 던진 부표(否票)

끝끝내 막지 못했네.
찾아내지 못했네.

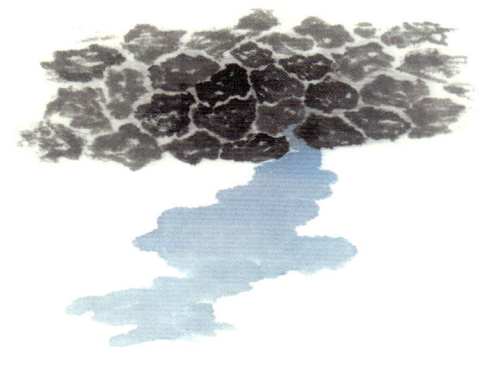

일색과후 2

나이는 열두 살
이름은 행자

한나절은 디딜방아 찧고
반나절은 장작 패고……

때때로 숲에 숨었을
새 울음소리 듣는 일이었다

그로부터 10년 20년
40년이 지난 오늘

산에 살면서
산도 못 보고

새 울음소리는커녕
내 울음도 못 듣는다

일색과후 3

살붙이 주춧돌 잃은 대감, 터줏대감
무슨 그 길상의 태기 띠를 띠고 나가셨나
골고래 그마저 막혀 턱까지 떨리는 날에.

갑오, 그 큰물에도 기울지 않던 이 집 빼도리.
발목도 못 적시는 버릇물에 빠져버려
이제는 건져내어도 건져지지 않는다.

일색과후 4

1
국어사전에도 없는
뚝 떨어진 과일의 언어

그 하나 남 먼저 주워
목숨 되게 다듬었다면

무명한 내 이름에도
무슨 인세(印稅) 붙었을까.

2
오월도 아직은 추운 밤
자정도 지난 이 시각에

누가 잠은 안 자고
내 목숨을 도전(盜電)하는지

정신도 왔다가 갔다가
큰 꿈을 다 놓친다.

3
진작 다 알고도
말 한마디 하지 않고

산중에 혼자 앉아
채식만 한 탓이리

요즘은 신문을 펼쳐도
온몸에 번지는 두드러기.

4
없다, 없다. 목숨의 채전도
국적조차 없다

오뉴월 염천 아래
소금절이까지 하여
몽달귀 제물이 되어도
굴비는 후회가 없다.

혜초문불(慧超問佛)

액막이, 독살풀이 사는 날의 대처(對處)여
도하(都下), 장물아비 불러들인 장문(杖問)이여
어쩐지 형역 같아서 내어놓은 벼슬자리

양귀비 마음

하늘 빛 모두 거둔
주장자만 비어 있네

욕계 또 욕계
무운천(無雲天), 비상비비상천(非想非非想天) 너머

고이듯 그냥 고여 있듯
이 하루를 이 졸음을.

흔들리는 불빛이며
적요한 흐름이며

바다 밑 엄동절에
깨난 나무 아니란 것

전심(傳心)의 마디마디에
떨리이는 그 감촉.

들리는가 소옥(小玉) 부르는
궁궐 안 큰 목소리

눈먹새 깃을 치자
휘감기는 그 여운에

양귀비 그리움 맺힌
돌고드름, 돌고드름.

생사(生死) 앞에서

심령(心靈)을 켜고 앉아
어둠을 사루기까지

불현듯 받든 지심(持心)
깨어 있을 때 깨어 있을 때

비스듬 수면에 기대는 건
삶인가 죽음인가.

차라리 원수였다면
맞서라도 봤을 것을

항복할 상대도 없는
나만의 용서이기에

마침내 싸워 이길 곳은
아수라(阿修羅)의 이 광장.

얼마나 못났으면
비수(匕首)를 또 잡으랴

사람이란 목숨 하나에
이토록 한스러운가

기가 찬 생사 앞에서
면벽하고 앉는다.

면벽(面壁)의 달마

서역(西域) 하늘 몸에 휘감고
까마귀 피 마신 눈빛

벌줌 내인 혀끝에
불조(佛祖)도 죽고 말다

그날 그 동토의 밤이
지레 밝아 새지 못하고.

우러러 일방(一棒)이라면
해 하나 달 하나를

갈대 한 잎 타고
도강(渡江)한 또 하나 집념

그도 그 갈대가 되어
바람결에 흔들리고.

무설설(無說說) 1

강원도 어성전 옹장이
김 영감 장롓날

상제도 복인도 없었는데요. 30년 전에 죽은 그의 부인 머리 풀고 상여 잡고 곡하기를 "보이소 보이소 불길 같은 노염이라도 날 주고 가소 날 주고 가소" 했다는데요, 죽은 김 영감 답하기를 "내 노염은 옹기로 옹기로 다 만들었다 다 만들었다" 했다는 소문이 있었는데요.

사실은
그날 상두꾼들
소리였데요.

무설설 2

동해안 대포
한 늙은 어부는

바다에 가면 바다
절에 가면 절이 되고

그 삶이 어디로 가나
파도라 해요.

무설설 3

외설악 천불동계곡을
좋다는 말 하지 말라

거기 반석에 누워
하늘을 바라보다가

흐르는 반석 밑으로
물소리나 들을 일을……

무설설 4

내원암 무설전 벽화
누가 그렸나

황새 한 마리
눈먼 잉어를 물고

그 화공 돌아오기를
목을 꼬고 있더군요.

무설설 5

지난달 초이튿날 한 수좌가 와서
달마가 서쪽에서 온 뜻을 묻길래
내설악 백담계곡에는 반석이 많다고 했다.

무설설 6

우리 절 상머슴은
논두렁 하다가는

시님요 시님요 사람들은
지 몸에서 도랑물 흐르는 소리가
들린다카는데요

삶이란 얼레미 논바닥
목마름은 끝없니더.

진이(塵異)

뒤섞인 잡동사니
허접한 맥망(麥芒) 속에

밀뜨린 미혹을 찧는
일상의 디딜방아

삶이란 까불어내도
나가지 않는 지푸라기를.

한 생각 만석(萬石)들이를
다 거둬 뭉글어도

쭉정이, 밀 쭉정이
벗기잖는 목숨의 겨.

몇 생을 거듭 대껴야
꺼끄럽지 않으료.

천심(天心)

조실스님 상당(上堂)을 앞두고
법고를 두드리는데

예닐곱 살 된 아이가
귀를 막고 듣더니만

내 손을
가만히 잡고
천둥소리 들린다 한다.

내가 나를 바라보니

무금선원에 앉아
내가 나를 바라보니

기는 벌레 한 마리
몸을 폈다 오그렸다가

온갖 것 다 갉아먹으며
배설하고
알을 슬기도 한다.

이 내 몸

남산 위에 올라가 지는 해 바라보았더니

서울은 검붉은 물거품이 부격부격거리는 늪

이 내 몸 그 늪의 개구리밥 한 잎에 붙은 좀거머리더라

이 소리는 몇 근이나 됩니까

　당송(唐宋) 2대 중 9대 문장가의 한 사람인 소동파(蘇東坡)는, 어느 때 승호(承皓)라는 큰스님이 있다는 말을 듣고, 그를 한번 점검해보기 위해 변장을 하고 찾아간 일이 있었답니다.
　승호스님이 먼저 물었습니다.
　"대관(大官)의 존함은 누구십니까?"
　"나의 성은 칭(秤)가요."
　"칭가라니요?"
　"천하 도인 선지식 학자의 무게를 달아보는 저울도 모릅니까?"
　소동파의 오만무례한 말이 떨어지기가 무섭게 승호스님은,
　"악!"
　벼락 치는 소리를 내지르고는 덤덤히,
　"이 소리는 몇 근이나 됩니까?"
　그 찰나 독천하 소동파가 되우 죽은 얼굴을 하고, 돌아가 대분심을 일으켜 이런 게송(偈頌)을 남기게 되었답니다.

　　산색(山色)은 그대로가 법신(法身)
　　물소리는 그대로가 설법(說法)

5부
비슬산 가는 길

비슬산 가는 길

비슬산 굽잇길을 스님 돌아가는 걸까
나무들 세월 벗고 구름 비껴 섰는 골을
푸드득 하늘 가르며 까투리가 나는 걸까.

거문고 줄 아니어도 밟고 가면 운(韻) 들릴까
끊일 듯 이어진 길 이어질 듯 끊인 연(緣)을
싸락눈 매운 향기가 옷자락에 지는 걸까.

절은 또 먹물 입고 눈을 감고 앉았을까
만첩첩(萬疊疊) 두루 적막(寂寞) 비워둬도 좋을 것을
지금쯤 멧새 한 마리 깃 떨구고 가는 걸까.

망월동에 갔다 와서

지난달 무슨 일로 광주까지 갔다가
돌아오는 길에 망월동에 처음 가보았다
그 정말 하늘도 땅도 바라볼 수 없었다

망월동에서는 아무것도 보이지 않아
망월동에서는 묵념도 안 했는데
그 진작 망월동에서는 못 본 것이 보여

죽을 일이 있을 때는 죽은 듯이 살아온 놈
목숨이 남았다 해서 살았다고 할 수 있나
내 지금 살아 있음이 욕으로만 보여

범어사 정경

뜨락도 좌대인 양
꽃피워 환한 둘레

고여 넘치는
푸르름을 거느리고

하늘 끝 치솟아 올라
날라갈 듯한 대웅전.

가시덤불 헤치고서
산문 밖 길 트일 때

서역도 부연 끝이라
말로선 다 못하여

다락엔 범종을 달고
새겨놓은 그 주련

손 모아 쌓아 올린
둥글한 불탑 위로

타오른 향연 줄기
번뇌를 사루나니

그 발원 도량을 넘어
일깨우는 큰 목탁!

불국사

경주 불국사 참배를 하고 동해안을 찾았더니 천년고찰 불국사가 나를 따라와서 거기 망망한 바다에 떠 흐르고 있었습니다.

천년고찰 불국사가 흐르는 바닷속에는 떠 흐르는 불국사 그림자가 얼비치고 있었는데, 얼비치는 불국사 그림자 속에는 마니보장전(摩尼寶藏殿) 그림자가 얼비치고 얼비치는 마니보장전 그림자 속에는 법계(法界) 허공계(虛空界) 그림자가 얼비치고 얼비치는 법계 허공계 그림자 속에는 축생계 광명(光明) 그림자가 얼비치고 얼비치는 축생계 광명 그림자 속에는 천상계(天上界) 암흑(暗黑) 그림자가 얼비치고 얼비치는 천상계 암흑 그림자 속에는 욕계(欲界) 미진(微塵) 그림자가 얼비치고 얼비치는 욕계 미진 그림자 속에는 염부단금(閻浮檀金) 연잎이 얼비치고 얼비치는 염부단금 연잎 그림자 속에는 인다라망(因陀羅網)이 얼비치고 얼비치는 인다라망 그림자 속에는 천년 세월 그림자가 얼비치고 얼비치는 천년 세월 그림자 속에는 석가탑이 얼비치고 얼비치는 석가탑 그림자 속에는 비련(悲戀)의 연지(蓮池)가 얼비치고 얼비치는 비련의 연지 그림자 속에는 아사달 아사녀 그림자가 얼비치고 얼비치는 아사달 아사녀 그림자 속에는 그림자마다 각각 다른 그림자의 그림자가 나타나 서로 비추고 있어 그것들은 아승기겁(阿僧祇劫)을 두고 말할지라도 다 말할 수 없는 그 모든 그림자들을 내 그림자가 다 거두어들이고 있었습니다.

경주 불국사 참배를 하고 동해안을 찾았더니 천년고찰 불국사가 나를 따라와서 거기 망망한 바다에 떠 흐르고 있었습니다.

계림사 가는 길

계림사 외길 사십 리
허우단심 가노라면

초록산 먹뻐꾸기 울음이
옷섶에 배이누나

이마에 맺힌 땀방울
흰 구름도 빛나고.

물 따라 산이 가고
산을 따라 흐르는 물

세월이 탓 없거니
절로 이는 산수간(山水間)에

말없이 풀어놓는 가슴
열릴 법도 하더마는.

한 벌 먹물 옷도
두 어깨에 무거운데

눈 감은 백팔염주
죄(罪)일사 목에 걸고

이 밝은 날빛에 서도
발길 어두운가.

어느 골 깊은 산꽃
홀로 피어 웃는 걸까

대숲에 이는 바람
솔숲에 와 잠든 날을

큰 산에 큰절 드리려
나 여기를 왔구나.

선덕왕릉에서

찬바람 남아 핀 가을꽃
흰 낮달을 겨누는데

보좌(寶座)는 백년 못 가도
귀토(歸土)는 천년이옵니다

소쩍새 우는 공산(空山)에
솔빛만이 쌓입니다.

석등

차운 돌 더운 손길
원 모아 불 밝히면

어둠 속 타는 숨결
솔바람도 잠이 들고

지새워 태산을 우는
나, 홀로여, 소쩍새여.

석굴암 대불

청산(青山)이 떠갑니다 동해 푸르름에
편주의 사공인 양 대불은 졸립니다
하 그리 바다가 멀어 깨실 날이 없으신 듯.

허공에 던진 염원 해를 지어 밝혔느니
밤이면 명명(冥冥)한 수평 달을 건져 올립니다
진토(塵土)에 뜨거운 말씀을 솔씨처럼 묻어놓고.

사모(思慕)의 깃을 뽑아 보내논 갈매기는
오늘도 어느 바다 길을 잃고 도는 걸까
무량심(無量心) 파도로 밀려 무릎까지 오릅니다.

그곳에 가면

1
울고 가는 거냐 웃고 가는 거냐.
갈대숲 기러기들 떼 지어 날고 있다.
하늘도 가을 하늘은 강물에 목이 잠겨 있다.

2
그곳에 가면 할아버지 손주 사랑이 탱자로 익고 있다.
할머니 손주 사랑이 고추장으로 맛 들고 있다.
내 오늘 바닷가에서 해조음을 듣고 있다.

3
그렇게 살고 있다. 그렇게들 살아가고 있다.
산은 골을 만들어 물을 흐르게 하고
나무는 겉껍질 속에 벌레들을 기르며.

궁궐의 바깥 뜰

양지바른 언덕에 대궐로 통하는 길이 있고
탕약 짤 때 약수건을 비트는 막대기가 있다
허지만
잎담배 한냥쭝을 파는
가게는 그곳에 없다

설산(雪山)에 와서

달은 뜨지도 않고 노여움을 더한 그 밤
포효하고 떨어진 큰 짐승 그 울부짖음 속에
눈보라 한 아름 안고 내가 왜 찾아왔나.

사나이 다문 금구(金口) 할일할(喝─喝)에 부치랴만
내던진 한 생애인데 열망이야 없을소냐
무섭고 추운 세상에 질타 같은 눈사태여.

돌에다 한을 새기듯 집도(執刀)해온 어제 날들은
아득한 그 원점에 도로 혼침(昏沈)이었구나
막대를 잡았던 손에 아픔은 남았지만.

저승도 거역하는 이 매몰 이 적요를
스스로 달래지 못해 이대로 돌아서면
설영(雪嶺)을 더터온 자국 애안(涯岸) 없이 사월 것을.

억울해! 불료(不了)의 인생 내 물음을 내 못 듣고
벌초할 하나 무덤도 남길 것이 못 되는데
사려 먼 붕도(鵬圖)를 그려 갈 길 그만 더듬는다.

성(聖), 토요일의 밤과 낮

오늘은 등락의 폭이 큰 주가도
산그늘도 더금더금 길어져서 아픔을 덮어갔다
빗살 완자창 멀리 보이는 빙경(水鏡)도
남의 집에 달포나 삐대고 있는
나를 받아들이고 있는데
저 나무는 뭐가 못마땅해서 잔뜩 뼈물고 있나

설악산 노염 같은 눈사태

오늘은 성 토요일
거룩한 이가 무덤 속에 머물러 있음을 기억하는 날

탄생 그리고 환희 —새해 동해 일출을 보며

동해 먼 물마루에는 불덩이가 이글거리고
해풍이 숨죽이는 아침뜸 한순간에
조산원 분만실에는 새 생명 첫울음소리

새들이 소리도 없이 나래 펼쳐 올렸을 때
금빛 물기둥이 하늘 끝에 닿아 섰다
함성은 노도(怒濤)와 같이 밀려왔다 밀려가고

어항엔 돛 올리고 멀리 거물거리는 고깃배들
동남풍의 뱃사람 말이나 서북풍의 뱃사람 말이나
상앗대 다 놓아버린 늙은 사공 뗏말이거나

젖 물리는 얼굴 갓난이 숨소리 숨소리
겨우내 진노한 빙벽 녹아내리는 물방울들
홍조류 바닷말들도 한참 몸을 풀고 있다

너와 나의 애도

고향 가는 길목 마음 던져놓은 돌담불도
오만 가지 헝겊들이 걸려 있던 당산나무도
그 어느 하늘로 갔습니까
어무이 아부지

너와 나의 절규

어린 나의 발걸음 헛기침 소리에도
피라미들이 물 위로 뛰어오르던 계류
어디로 다 흘러갔을까 불똥 같은 게 한 마리

주말의 낙필(落筆)

지난 주말 한 노인이 하룻밤 쉬어가면서
세상은
곤충의 날개 표면 부챗살처럼
뻗어 있는 줄이라 한다
뜸쑥을 낸 몸 경혈에
놓고

발그족한 배꼽

늘 하는 말

사랑은 넝쿨손입니다
철골 철근 콘크리트 담벼락
그 밑으로 흐르는
오염의 띠 죽음의 띠
시뻘건 쇳물
녹물을
빨아먹고 세상을 한꺼번에 다
끌어안고 사는 푸른 이파리입니다
잎덩굴손입니다
사랑은 말이 아니라
생명의 뿌리입니다
이름 지을 수도 모양 그릴 수도 없는
마음의
잎넝쿨손입니다
떼찔레꽃 턱잎입니다
굴참나무 떡잎입니다

미천골 이야기로

강원도 양양 땅 선림원지에 갔다 왔다
한때 천여 대중이 살았다는 말이 있어
한참을 돌아다보았다 돌아다보았다.

돌덩이가 탑이었나 탑이 돌덩이었나
버려진 하나 복련석 손을 짚어보았다
얼마나 많은 아픔이 남아야 탑신이 되나

절은 허물어졌어도 절은 거기 있었다
한여름 사람 사람들 피서를 즐기고 가는
그 옛날 뜨물이 흐르는 미천골 이야기로 —

2007 · 서울의 대낮

서울 신사동 사거리 먹자골목 한 담벼락에
나체 사진 한 장이 반쯤 찢어진 오늘

그래도 지구는 돈다
갈릴레오의 그 푸념

2007 · 서울의 밤

울지 못하는 나무 울지 못하는 새
앉아 있는 그림 한 장

아니면
얼어붙던 밤섬

그것도 아니라 하면 울음큰새 그 재채기

가는 길

물은 흘러 내려오고
길은 굽어 올라가고

흰 구름 반석 위에
발 담그고 앉아본다

내 마음 허심한 골에
뻐꾸기는 우는데.

살갗만 살았더라

살갗만 살았더라
우리네 삶 끝까지 가봐도

속살 깊이 울던 울음도
먹피로 삭아버리고

살갗만 살갗끼리만 어떤,
세포 속에 살더라.

살갗만 살았더라!
살갗만 살았더라!

일러준 이 일구(一句)의
그 낙처(落處)를 누가 보나

눈뜨고 곤장 삼백 대를
내가 도로 맞았도다

인천만 낙조

그날 저녁은 유별나게 물이 붉다붉다 싶더니만
밀물 때나 썰물 때나 파도 위에 떠 살던
그 늙은 어부가 그만 다음 날은 보이지 않데.

침목(枕木)

아무리 어두운 세상을 만나 억눌려 산다 해도
쓸모없을 때는 버림을 받을지라도
나 또한 긴 역사의 궤도를 비친
한 토막 침목인 것을, 연대인 것을

영원한 고향으로 끝내 남아 있어야 할
태백산 기슭에서 썩어가는 그루터기여
사는 날 지축이 흔들리는 진동도 있는 것을

보아라, 살기 위하여 다만 살기 위하여
얼마만큼 진실했던 뼈들이 부러졌는가를
얼마나 많은 사람들이 파묻혀 사는가를

비록 그게 군림에 의한 노역일지라도
자칫 붕괴할 것만 같은 내려앉은 이 지반을
끝끝내 받쳐온 이 있어
하늘이 있는 것을, 역사가 있는 것을.

보리타작 마당에서

타작마당에 가면
아주 못살게 하는 것이 있다.
그 옛날 보릿고개
배가 고파 비벼댔던
아직도 내 목에 걸려 있는
풋보리 그 가시라기

만약 사람을
도리깨로 다스린다면
한 40년 잘못 살아온
내 죄는 몇 가마니나 될까
그 한 번 모조리 훑고 떨어져
담아보고 싶어라.

내 친구 김바위
타작마당에 가보니
빚더미 그 높이만큼이나

쌓아놓은 보리 가마
그 죄는 허접한 쭉정이
불을 질러버리더라.

치악(雉岳) 일경(一景) —정휴선사에게

그 언제 어떤 대장장이가
쇳물을 부어서

일출사 부처님 조성
월출사에는 종을 달고……

한 억년
소식 없더니
치악에서 빗무리하데

창녕에 가서

경상도 창녕에 가서
옛 성터를 보았는데

힘으로만 쌓았어도
한 고을을 지켰을세

아직은 그 한 세월의
장사(將師) 같은 돌 있더라.

실일(失日)

어릴 때 생각으로 팽이채를 움켜잡고
세상사 돌아보니 매들은 죄인만 같아
사는 날 무슨 홍심 같은 것들 모두 놓고 말았네

장부가 사내대장부가 홍심을 잃은 날도
매 맞은 팽이는 빙판 위에서 돌고
그 물론 빙판 밑으로 물은 흘러가더라

관등사

이 세상 그 누가 고고성 없이 왔을까마는
이천오백여 년 전에 오신 동불(童佛) 그 울음은 아직도
오로지 온누리에 충만해 있음이여.

나무며 풀잎들이며 이 모든 유저무정들
다시 태어나는 크나큰 기쁨 하나로
저마다 축복을 안고 법열에 젖어 있구나.

찬물에 목욕하고 옷도 갈아입고
불단, 공손하니 꽃공양 올리면
그 맑은 다기물 위로 둥두렷이 뜨는 마음

어둔 밤 등불 드는 이치를 떠올리며
대주 목으로 팔모등을 아들 목으로 큰 수박등
딸이사 연꽃 같아서 연등 다는 모정들

불두화 붉은 꽃물 터뜨려놓은 천지간에
손에 지등, 맘엔 심등 탑을 도는 선남선녀
정토는 따로 없어라 출렁이는 관등물결.

한세상 사는 것이야 꿈으로 치부하고
끊어질 듯 이어질 듯 애타는 독경소리
손 모은 원념 밖으로 이승도 저승도 다 떠내려가네.

타향

세상에서 제일 높은 성곽
또 제일 큰 대궐
색계의 모든 하늘
이불로 덮고 살아도
그 목숨 다할 때에는
하룻밤 객침(客枕)인 것을.

낯선 어촌주가
일만 파도를 베고 누워
해조음 다 멎도록
잠이 든다 하더라도
그 또한 깨어날 때는
하룻밤 객침인 것을.

사실 이승의 삶은
그 모두 타향살이
온 곳도 갈 곳도
아는 사람은 없고

고단한 식솔 데리고
날품팔이하는 곳.

명일(明日)의 염(念)

무늬진 꽃구름을 넘나드는 그 여일(餘日)이
산과 들 물빛으로 놓고 가는 그늘이면
이 천지 적막의 땅이 어디엔들 안 열리리.

낙엽진 영 너머로 일월이야 보내두고
본래 지닌 대로 노을에나 타다 보면
지친 발 이승의 길이 저승엔들 못 미치리.

학 앉은 높은 솔숲 청산조차 묻어둘걸
무삼일 가다 말고 열두 골을 밟는 달빛
다시 와 깊은 산창에 그림자를 놓는가.

염원

진흙덩이 뚫고 나온 난생이 잎입니다.
갈증에 목이 몰아 시들어버리기 전에
목숨의 계류(溪流)를 끼고 살게 하여 주세요.

스스로 못 자라는 나약한 줄갑니다
가쁜 숨 몰아쉬면 향기로운 내음 일고
벌이 와 잉잉거려도 웃게 하여 주세요.

상념은 맴을 돌고 업은 짙어옵니다
우화(羽化)할 번데기처럼 허물 다 벗기도록
무심한 수양 그늘에 몸을 씻어주세요.

종연사(終緣詞)

그의 마지막 날엔
산도 한 번 눈을 뜨랴

어머니 머리맡에
눈물만을 남기신 생애

그냥은 차마 그냥은
감을 수 없었으랴!

단 한 번 덮고 가실
천금(天衾)의 천을 짜시며

그 목숨 받을 때부터
돌릴 줄을 아셨던가

북망산 솔빛보다도
더 빛나는 만장(輓章)이어.

우러르면 하늘 가득히
채우고도 남을 생각

부처님 전 밝힌 설움이
행여나 꺼질세라

칠 남매 기르신 정이
강물 되어 넘쳤네.

대령(對嶺)

소한 대한 입춘도 갔으니 하마 풀릴 노염이런만
먼 하늘 풍설을 이고 소리 울 듯 준령이 섰다
마지막 나의 항거도 그처럼을 섰거라.

구포교(龜浦橋)에 붙여

칠백 리 낙동강 한가람
돛배이면 족했으랴

해일로도 놓지 못할
인간사 구포교의

건너갈 이 한세상의
아, 어지러운 문명이여.

관음기(觀音記)

촛불 켠 꿈은 흘러
연꽃으로 물들어도

마지막 목욕하고
앉지 못할 연대(蓮臺)여

설움의 소리를 듣고
차마 못 갈 보살ㅡ.

손에 쥔 백팔염주
헤아릴수록 무거움은

흩어진 상념들을
알알이 꿰음일레

달뜨는 뜨락에 서서
지켜보는 이 정토!

축음기 –일제하 어느 무명 가수 생애를 떠올리며

언제부턴인가 찾아오는 사람이 없다
어쩌다 늙은이들만 오랜만이라고 만져보고 간다
내가 본
지금 나의 면목은
녹슨 축음기

산에서나 들에서나 그 어디에서나
– 소리 듣고 –
별이 뜨는 밤이거나 뜨지 않는 밤이거나
– 소리 듣고 –
날 닮은 나뭇가지들 다 휘어지고 다 부러졌지

이제 내 소리 듣고 흉내 낼 새도 없고
이제 내 소리 듣고 맛들 열매도 없다
이제는 내가 나를 멀리 내다버릴 수밖에

파환향곡(破還鄕曲)

경책도 못 깨운 천근 졸음 속에
몇 생을 대토(代土)해도 매지 못한 내 목숨 들머리
그 누가 지방(紙榜)도 없는 무슨 혼백 묻고 갔나.

무꾸리 시식을 내놓아도 나가잖는 그 채귀(債鬼)
오늘도 경도(經度) 속에 흘레질을 하고 있네
대상(大喪)을 입지 않아도 세상은 지금 기중(忌中)인데.

눈 뜨고 앞 못 보는 미운 맹장(猛杖)질 속에
얼갈이 섬지기의 한 춤 묘맥(苗脈)을 잃고
다시금 반전(反田)을 하는 저 만구(萬口)의 욕지거리.

음송 —송수권 대형의 〈수저통에 바치는 저녁노을〉을 배독하고

지난 주말 송수권을 찾아 변산반도까지 갔다가 변산반도도 못 보고
홍심은 남도잡놈의 것이라 파도소리 따라 태평양으로 보내고
수심은 내 것이라 물새 잎으로나마 오래오래 살게 하고
허영허영 찾아간 주막

'왠매 세상살기 요로코롬 심든디 그 높은 설악산에서 오라범 송선생 뫼시로 우리집까지 오셨소잉 오라범 소식이야 물 썬 다음 뻘자국으로 낭자히 나타날 것이구만요 고때 동서사방 어디로 가셨나요 찾아보소잉

주모는 술상인지 무슨 수작인지 한 상 보아왔는데

보아하니 전라도 땅 반은 들어 있더라 전라도 땅 반은 송수권의 것이더라

송수권이 바라보아야

노을도 변산반도 노을은 그림이 되고

송수권이 팔을 들어 흔들어야

기러기도 변산반도 기러기는 시가 되고

송수권이 집적거려야

꽃도 변산반도 꽃은

한자(恨紫)

수홍(愁紅)

팔자타령으로 피었다가 팔자타령으로 대성통곡하고

송수권이 있어야
변산반도도 나그네 눈에 변산반도로 보이고
누가 뭐라 해도
전라도 땅 반은 송수권 대형(大兄)의 것이더라

입전수수(入廛垂手)

생선 비린내가 좋아 견대(肩帶) 차고 나온 저자
장가들어 본처는 버리고 소실을 얻어 살아볼까
나막신 그 나막신 하나 남 주고도 부자라네.
일금 삼백 원에 마누라를 팔아먹고
일금 삼백 원에 두 눈까지 빼 팔고
해 돋는 보리밭머리 밥 얻으러 가는 문둥이어. 진문둥이어.

전갈(傳喝)

대내린다 대내린다
신통 대내린다

바늘 끝으로 찔려도 아프지 않던
양심의 살은 떨리고

이제사 내 무딘 손끝의
육감에 대내린다

피 받아라 피 받아라
공수 받듯 피 받아라

침담그듯 침담그듯
떫은 생각은 다 우려내는

이 치하(治下) 살아갈 길의
대내리는 피 받아라!

대내리는 내 육감에
나는 오래 못 살 것 같은데

나와 같이 죽을
사람 없는 이 나라다

그러나 해돋이 마을
내가 묻힐 나라란다

베틀에 앉아

인간사 다 못하여
허리 펴는 날 없어도

한없이 거느린 애(哀)
이 세상을 끊고 갈 때

한 하늘 가득히 실은
흰 구름도 흩어지리.

내
삶
은
헛
걸
음

초판 1쇄 펴낸 날 2015년 5월 15일

지은이 조오현
펴낸이 이규만
책임편집 위정훈
디자인 강국화
펴낸곳 참글세상
출판등록 2009년 3월 11일(제300-2009-24호)
주소 서울시 종로구 인사동 7길 12 백상빌딩 1305호
전화 02-730-2500
팩스 02-723-5961
이메일 kyoon1003@hanmail.net

ⓒ 조오현, 2015

ISBN 978-89-94781-38-9 (03810)

값 15,000원

· 잘못된 책은 교환해 드립니다.
· 이 책은 저작권법에 따라 보호받는 저작물이므로 무단전재와 무단복제를 금지하며, 이 책 내용의
  일부를 이용할 때도 반드시 지은이와 출판사의 서면 동의를 받아야 합니다.
· 이 책의 수익금 1%는 어린이를 위한 나눔의 기금으로 쓰입니다.